Schritte zum Durchblick

Erich Maier

Schritte zum Durchblick

Weitere Briefe an Mikaela Shiffrin

*Bibliografische Information der Deutschen Nationalbibliothek:
Die Deutsche Nationalbibliothek verzeichnet diese Publikation
in der Deutschen Nationalbibliografie; detaillierte
bibliografische Daten sind im Internet über dnb.dnb.de
abrufbar.*

© 2024 Erich Maier

Herstellung und Verlag: BoD – Books on Demand, Norderstedt

ISBN: 9783758375156

15. November 2023

Liebe Mikaela,

seit ich Dich zum letzten Mal adressiert habe, sind nun schon ein paar Jahre vergangen. Du hast Deinen Vater verloren – mein aufrichtiges Mitgefühl! – und dann doch Deine Karriere fortgesetzt, ich habe das Ganze dann aber etwas aus den Augen verloren. Man sagt, Du wärst Rekordhalterin oder so, aber das ist mir jetzt nicht mehr so wichtig wie früher, in den Fanstatus habe ich es ohnehin nicht hineingeschafft!

Bei mir hat sich hingegen gar nichts verändert, ich bin nur ein wenig älter geworden und vielleicht ein wenig behäbiger und so habe ich Zeit, meiner Vergangenheit, immerhin schon etlichen Jahrzehnten, nachzuspüren! Sie war von Kindheit an irgendwie von einem unglücklichen Stern überschattet, welcher sich bereits zu Beginn meines fünften Lebensjahrs zu einem vollständigen System auswuchs, das mich zugleich antrieb und auch beschränkte. Ich spürte ab dem Tag, ab der Minute, ab der Sekunde, was der Fall war, aber ich konnte es mir erst sehr viel später einigermaßen erklären. Und wenn ich mich heute bewusst hineinversetze, werde ich immer noch nicht fertig damit!

Ich habe inzwischen einen zweiten Band verfasst, eine Art Auftragsarbeit, in dem versucht wurde, das Phänomen des Missbrauchs aus verschiedenen Blickwinkeln zu beleuchten. Mir selbst ist das, glaube ich, nicht passiert, außer möglicherweise in der frühesten Kindheit, woran ich mich nicht erinnern kann, aber was mir widerfahren ist, würde ich als direkte Konsequenz dieser Thematik interpretieren gewissermaßen im kollektiven Sinn, der sich auf seltsame Weise niemand entziehen kann. Du musst also entschuldigen, Mikaela, dass es mich gleich in ziemlich schweres Wasser hineinzieht!

Kann einen die Sprache, der stolzeste Ausdruck der Kultur, zur Natur hinführen? Muss man sich zunächst auf die weiteste Distanz hin entfernen, um dort ankommen zu können, wo man sich gerade befindet? In meinem ersten Buch bin ich eine ganze Reihe von Begriffen durchgegangen und daraus letztlich nicht viel klüger geworden! Ich habe noch ein wenig Zeit, also wieder von vorn, nur wohl ein wenig negativer als damals, weil Unterschwelliges inzwischen auch schon zur Sprache kommt!

Wo also ansetzen? Die Wörter Zeit und Dauer existieren im Alltag nebeneinander und jeder weiß, was damit gemeint ist! Versucht man die Begriffe jedoch zu „durchsaften", wird einem schwindelig, verliert man gleichsam den Boden unter den Füßen! Sie haben ursprünglich kulturbildende Funktion und sie können beladen sein von unbekanntem Negativem in ebenfalls unbekanntem Ausmaß! Man muss deshalb nicht gleich das Schlimmste befürchten, aber vielleicht wäre es nützlich, sich das Ganze einmal vor das Auge des Bewusstseins zu stellen! In meinem Bewusstsein ist Zeit eine Skala, die den Ablauf des Bewusstseins begleitet und somit dessen gesamten Inhalt markiert, eine Konvention, und eine sehr abstrakte dazu! Dauer dagegen fühlt sich etwas subjektiver an als Langeweile, als Herausforderung, als Stachel, der einen antreiben könnte zu einem Ziel hin, das man kaum definieren kann! Die Termini Subjekt und Objekt wiederum bedingen einander in der Welt wechselseitig, bilden gewissermaßen Pole oder gar Gegensätze, haben aber, wenn man sie zu den Wurzeln verfolgen möchte, gemeinsamen Ursprung, und zwar oberhalb der Sprache im ethischen oder Wahrnehmungsraum! Subjekt und Objekt gleichen zwei Kreuzrippen in einer gotischen Kirche, die sich an verschiedenen Säulen nach oben ziehen und im Schlussstein aufeinandertreffen. Und auf dem Weg dahin durchqueren sie demnach auch die Sprachschichte. Umgekehrt regt die grammatikalische Zeit etwa in der Ausprägung der drei Zeitstufen Vergangenheit, Gegenwart und Zukunft unter anklingender Einbeziehung der Kognition Eigentum, in gewisser Hinsicht also fälschlich, zur Subjekt-Objekt-Spaltung an! Die Zukunft lässt sich beispielsweise daraus kaum erklären! Subjekt und Objekt sind nur theoretische Annahmen, der Verlauf einer Verästelung, die nirgendwo hinführt, Vorstellungen im Bewusstseinsraum, die nur konventionelle Substanz haben!

Aber darüber hinaus kann die Zeit für sich sowohl subjektive als auch objektive Anteile enthalten! In der dritten Schichte meines früher schon erläuterten Bewusstseinsmodells, der Objektwelt, fungiert auch die Zeit objektiv, also etwa als Dingeigenschaft, die auf Menschen angewendet werden kann! Auf Menschen selbst bezogen umfasst sie theoretisch den Inhalt des persönlichen Bewusstseins und wäre deshalb als subjektiv zu klassifizieren. Nun müsste man den Entstehungsprozess der Zeit nachvollziehen können, was bei einer Konvention nicht so einfach ist! Worte wurden irgendwann in grauer Vorzeit geformt und sukzessive mit Inhalt gefüllt! Aber es lässt sich wohl unterstellen, dass gerade bei der Zeit schon in einem frühen Stadium die unterschwellige Negativität des Missbrauchs dazukam und auf irgendeine Art Einfluss nehmen konnte, wodurch die Zeit selbst nicht zur Ruhe kommt! Sie glüht gleichsam vor innerer Energie, vor aufgescheuchten und angeregten Emotionen, die keine Erfüllung und damit auch keinen Frieden finden können! Und doch ist die Zeit eines der abstraktesten, objektiven Elemente der Kultur, eine mathematische Größe, auf die sich letztlich alle anderen Größen irgendwie reduzieren lassen! Sie ist anerkannt und unverzichtbar im Alltag, theoretisch und praktisch!

In diesem Sinne könnte ich dann behaupten, die Dauer sei eine unsinnige Kollektivierung der Zeit! Sie wird zu einem Objekt für die Negativität, integrativ und auch als Befürchtung, denn am Ende der menschlichen Dauer steht der Tod! Der Missbrauch will sich selbst Dauer verleihen, die Motivation der Negativität besteht in Dauer! Und dass der Hintergrund des Missbrauchs weitgehend undurchschaubar bleibt, trägt wieder zu seiner Dauerhaftigkeit bei! Die Dauer ist die härteste Nuss, die der Verstand zu knacken hat, und der Missbrauch macht sich diese Tatsache zunutze, um sich im Schatten dieser kulturtragenden Säule zu verstecken!

Was hat das nun mit dem unglücklichen Stern zu tun, von dem ich Dir erzählen wollte? Nun ja, ich versuche hier alles ein wenig anzureißen, von jedem Dorf einen Hund darzustellen, und ob das dann ein Gesamtbild ergibt, kann ich jetzt noch nicht sagen!

Die Zeit ist etwas abstrakt Festes, die Dauer konkret wahrnehmbar, und der Zeit haftet irgendwie auch die Lüge an, ohne sie deshalb als Struktur außer Kraft setzen zu können! Durch eine gesetzte Lüge wird jedoch unter Umständen eine Person außer Kraft gesetzt, kollektiv, unter Zuhilfenahme des kollektiven Geistes, von dem niemand so genau weiß, ob er auch tatsächlich existiert! Eine gesetzte Lüge projiziert den Missbrauch auf ein Objekt. Und setzen, legen, stellen kann man die Lüge dann etwa durch ein Wort, eine Geste, ein Augenzwinkern, einen Ton oder, was auch immer! Eine Geste, und für immer ist eine Person ihrer Wahrhaftigkeit beraubt, des Anspruchs, der Möglichkeit der Übereinstimmung von Sprache und Realität, geschweige denn von Sprache und Wirklichkeit! Was immer so eine Person dann sagt oder tut, ist Lüge!

Jetzt könnte ich zunächst sehr kulturpessimistisch argumentieren, die Möglichkeit der Lüge habe die menschliche Kultur erschaffen! Mit mythisch-mystischen Anklängen: Gott ist das Nichts und das Sein und Natur, der Teufel ist die Lüge! Aber auch außerhalb der Religion kommt die Lüge über partielle Beteiligung im Minderheitsbereich nicht hinaus! Das Leben ist mehrheitsfähig und, wie man anhand der Konventionen auch erkennen kann, mehrheitsbegründend. Der Teufel steckt jedoch offensichtlich im Detail, und der Teufel ist ein Vertreter des Missbrauchs! Woher sonst hätte er seine Legitimität? Aber an dieser Figur des Teufels wird auch die Ambivalenz des Missbrauchs sichtbar, der zutiefst innerlich gespalten ist! Und dieser Spalt, diese Leerstelle wird durch die Lüge überbrückt oder von ihr ausgefüllt! Der Missbrauch als Ganzes ist ein Konzept der Lüge und richtet sich gegen das Leben aus! Ein Missbrauchstäter ist dann aber zugleich ein ziemlich armer Tropf, der letztendlich gar nicht anders kann, als sich eine Befreiung von dem zu wünschen, was er selbst vertritt und praktiziert! Die Figur des Teufels zerrinnt zu Flüssigkeit, verdampft, löst sich auf!

Aus der Praxis lässt sich erkennen, dass Missbrauch und kollektiver Geist ein System der Lüge ergeben, ein für den oder die Betroffenen ziemlich dauerhaftes! Man muss hier also zwischen Subjekt und Objekt unterscheiden! Subjektiv ist das Ganze nur lückenhaft begründet, objektiv kommt es aber umfassend und mehr oder weniger unnachgiebig zur Anwendung! System bedeutet, es wird immer wieder etwas Neues hinzugefügt! Aber die eigentliche Begründung, die das Ganze vielleicht doch in das Licht eines verborgenen Sinns stellt, bleibt im Dunkeln oder glänzt durch Abwesenheit! Wenn Opfer permanent von etwas betroffen sein können, ergibt sich die Forderung einer Sinnhaftigkeit, die bisher niemals überschwellig zum Ausdruck kam, sich niemals wahrnehmen ließ, oder etwa doch? Worin besteht ganz konkret die Begründung des Missbrauchs, der tiefsten Ursache von all dem Übel in der Welt? Missbrauch dient zur Ablenkung, etwas ganz anderes soll damit verdeckt oder verheimlicht werden! Und was? Naja, gehen wir mal vom Schlimmsten aus, Mord und/oder Totschlag! Jemand hat bewusst, absichtlich oder unabsichtlich etwas ganz Schlimmes getan und möchte nicht, dass die anderen davon erfahren! Oder er ist eine mächtige Person in der Gruppe und verbindet das eine ganz gezielt mit dem anderen! So oder so, der Missbrauch hat die Funktion, von Tod abzulenken, der sich möglicherweise bereits ereignet hat, ist also wesentlich eine Lüge, die etwa Mord verdecken soll! Der Missbrauch diente ursprünglich zur Dissoziation von Mord, innerlich natürlich, aber intentional ebenso äußerlich in der Welt! Und die später durch Gewohnheit daraus resultierende Negativität ist eine doppelte Dissoziation, von Missbrauch und über diesen wieder ursprünglich von Mord! Und eine gesetzte Lüge hat dann offensichtlich die Funktion, von diesen ursprünglichen Motiven zu befreien!

Jetzt ist das alles selbstverständlich spekulativ – Hegel dreht sich im Grabe um! – aber nur so lässt sich das Ganze auch als Ganzes darstellen oder verstehen! Und es gibt im Verlauf der Kulturgeschichte jede Menge Hinweise, die sich aber immer nur auf Details beziehen! So schwierig ist es andererseits jedoch auch wieder nicht, das Puzzle zusammenzufügen, welches selbst der abgründigsten Dummheit einen mehr oder weniger nachvollziehbaren Sinn zubilligt und als ziemlich konkrete, einfache Kriminalgeschichte daherkommt! Einigermaßen pikant erscheint dabei nur das Detail der Verlagerung von Mord auf das Gebiet der Reproduktion, vielleicht ging es dabei ja irgendwie auch um Haben oder Nichthaben oder um Neid?

Um hier einmal kurz abzuschweifen, Mikaela, riskiere ich einen Seitenblick auf die Methodik! Seit dem früher schon beschriebenen Erlebnis im achtzehnten Lebensjahr verlasse ich mich verstärkt auf mein Unterbewusstsein und die Intuition. Es bleibt mir gar nichts anderes übrig! Und ich brauchte ziemlich lange, um auch genügend Vertrauen dazu fassen zu können! Das Unterbewusstsein ist eine weit größere Schichte als das Bewusste im Wachbewusstsein, der bekannte Vergleich mit dem Eisberg im Wasser ist ja geläufig! Und das Unterbewusste lässt sich nicht so ohne weiteres durch Worte an die Oberfläche rufen, es bleibt im Wesentlichen verborgen, ist aber ein ständiger Begleiter im Wachbewusstsein, und man kann sich eben in gewissem Sinn auch darauf verlassen vorbehaltlich der Zauberkünste und sonstigen Tricks des Geistes! Die Intuition wird von wissenschaftlicher Seite gern auf das Abstellgleis geschoben, aber man ist im Allgemeinen gerne bereit, deren Ergebnisse zu akzeptieren, wenn sie systematisch überprüft und eingeordnet werden konnten! Daher wurde die Intuition bisher möglicherweise auch noch nicht fest konturiert oder definiert, weil sie ja so eine Art Zwischenstellung zwischen Unterbewusstem und Bewusstem einzunehmen scheint, was aber bei genauerem Hinsehen gar nicht so sehr der Fall ist! Mir fiel dazu ein Sätzchen ein: Intuition ist die Verbindung von Erkenntnis und Gefühl! Gefühle sind zunächst natürliche Empfindungen, werden also schon bewusst wahrgenommen, und Erkenntnisse sind Inhalt des Verstandes oder des Gedächtnisses, Erkenntnis ist sozusagen der Vorgang, etwas sprachlich-topografisch einzuordnen! Das hat durchaus auch im persönlichen Bereich seinen Platz, so lernt man die Welt kennen! Man braucht zur Erkenntnis bereits einen Vorrat an Kognitionen und die Sprache! Und die Intuition ist irgendwo zwischengeschaltet: Intuition verbindet die Wahrnehmung mit der Erkenntnis! Das ist dann also ein sehr sensibler Bereich, höchst persönlich, höchst privat, von außen leicht dem Vorwurf der Subjektivität ausgesetzt, und es braucht schon einige Zeit, um sich einigermaßen fest darauf verlassen zu können, da sie ja quasi per definitionem gar keine so feste Substanz aufweisen kann! Aber man könnte ihr vielleicht doch ein Kästchen in der Struktur der Rationalität reservieren:

Intuition steht für Wissen um die Bedeutung von Dingen! Was für Bedeutung, Bedeutung für wen in welcher Hinsicht? Die Intuition liefert selbst die Antwort! Lateinisch *intueri* bedeutet etwa aufmerksam anschauen, vielleicht untersuchen, und was einem dabei halt so in den Sinn kommt! Also von vornherein nicht die reliabelste aller Methodiken, aber ich habe in meinem Leben viele Entscheidungen mehr oder weniger intuitiv treffen müssen mangels strukturierter Vergleichsmöglichkeiten oder Anhaltspunkte! Für mich hatte die Intuition also seit jungen Jahren einen relativ hohen Stellenwert, aber das muss ich ja auch nur mir gegenüber verantworten! Und um auch solche Inhalte irgendwie akzeptieren zu können, ließ ich mich doch zu Restbestandteilen rationeller Methodik verführen, etwa zur Anzahl von siebzehn Silben für Sätzchen mit anthropologischem Inhalt!

Mir selbst fällt es also nicht so schwer, eine Lanze für die Intuition zu brechen, und wie gesagt, dabei kommt dem optischen Sinn größere Bedeutung zu! Möchte ich meine eigenen Wahrnehmungen in der Vorstellung gleichsam kollektivieren, benötige ich eine Struktur dazu, und dazu eignet sich wohl irgendwie die Zeit! Eine seltsame Allianz vom Sehsinn zur abstraktesten aller Strukturen! Da ist viel Inhalt dazwischen und es ist sicherlich auch der Negativität des Missbrauchs nicht allzu schwer gefallen, sich da irgendwo einzubringen! Und noch weit seltsamer ist, dass daraus ein eigenes Bildungsfach entstanden ist, eine wissenschaftliche Abteilung und, wie man früher behaupten konnte, die Wissenschaft schlechthin!

Philosophie ist eigentlich die Suche nach der verlorenen Zeit! In unserer abendländischen Tradition hat etwa Platon durch die Modellvorgabe seiner Dialoge einen Beitrag geliefert, der sich dann leicht auch inhaltlich auffüllen ließ! In der Philosophie schimmert die Negativität irgendwie durch, Philosophie ist in gewisser Hinsicht eine Art Übereinkunft der Gesellschaft, sich mit dieser vorgegebenen Thematik des Negativen auch rational und sprachlich kollektiv zu befassen vielleicht oder wohl auch in der Hoffnung, dabei auf Lösungen zu stoßen! Philosophie konnte daher in gewisser Weise auch zum Sprachrohr der Negativität werden, ein Laie wie ich kann sich sogar manchmal nicht des Eindrucks erwehren, Philosophie hätte der Negativität da und dort auch einmal Souveränität versprochen! Philosophie möchte die theoretischen Grenzen der Negativität ausloten, und diese Versuche schlagen sich in der Sprache nieder: Philosophie ist eine negative Nachschärfung von Worten! Man kommt dann zur Dialektik, was eigentlich so etwa Kunst der Unterhaltung oder Gesprächsführung bedeutet, und hier findet man auch wieder Anschluss an die überschwelligen Konventionen und Gesellschaftsbereiche, welche man tatsächlich nie wirklich hatte verlassen können! Die Sprache erwies sich immer als resistent gegenüber der Negativität, zu wichtig ist sie im fortlaufenden Getriebe des menschlichen Alltags! Wenn man überleben möchte, muss man auch der Sprache in gewissem Maße vertrauen, mehr als dass man sie einer Negativität überlassen könnte! Und überleben möchte wohl die große Mehrheit der Menschen! Philosophie bedeutet dem gegenüber dann ein Stück weit, sich auf den kollektiven Geist zu verlassen, wobei Letzterer auch nur ein Desiderat des persönlichen Geistes sein könnte! Die Ganzheit meines Bewusstseins verlangt nach Übereinstimmung, weil alle Konventionen ja auf Übereinstimmung basieren! Es ist nicht ausgemacht, dass die Annahme des kollektiven Geistes auf Realem basiert!

Ich schippere also in meinem kleinen Nachen an der Intuition von Sätzchen entlang, Mikaela, und komme dabei von systematisch einschränkenden Zuständen bis zur Philosophie! Der Titel des ersten Bandes *Bedingungen menschlichen Seins* wurde von mir ja nicht ordentlich erklärt, weil das Sein kulturbedingt weitgehend negative Konnotationen aufweist! Das nagte ein wenig, und nach eingehendem Einsinkenlassen und Durchsafteln erlangte ich die Erkenntnis, dass das Sein doch positiv genommen werden kann, wie das vielleicht schon in der lateinischen, mittelalterlichen Philosophie anklingt! Sein an sich ist nur das Auf-die-Probe-Stellen des kleinen Wörtchens „ist" sowohl der objektiven Wahrhaftigkeit nach als auch, und das ist noch viel wichtiger, in Bezug auf die innere Konsistenz der Sprache selbst! Das Sein ist ein Nachweis, dass innerhalb der Sprache Gerechtigkeit herrscht, der Begriff Sein symbolisiert diese, das Sein impliziert sozusagen Gerechtigkeit der Sprache, weil es in etwas konzentrierter Form die Natur des Bewusstseins vertritt! Das Sein, positiv genommen, weist auf, dass die Sprache konsistent ist, und kann das, weil es insgesamt die Natur vertritt! Man könnte also auch behaupten: Das Sein ist die Übereinstimmung eines Wortes mit der Natur. Und etwas abstrahiert könnte man feststellen, das Sein bildet einen vollständigen Kreislauf Natur-Kultur-Natur! Sein, Nichts und Natur wären also beinahe äquivalent! Das Sein vollzieht dann eine Art gegenläufiger Bewegung zur Zeit, nur mehrheitlich real und nicht abstrakt! In gewisser Hinsicht könnte man auch formulieren: Eine Wahrheit der Lüge liegt in der Natur, dem ewigen Sein!

Im Bemühen, die Perspektive der Negativität einzunehmen oder zu verstehen, lässt sich zur Zeit konstatieren, diese hebt sich von der Sprache ab, weil sie das Ich für das Sein hält. Eine ziemlich einschränkende Verwechslung! Der Geist existiert und er erhält mit der Konvention Zeit einen einigermaßen nachhaltig festen Kern. Aber das Ich orientiert sich normalerweise gerade am Sein, es fühlt sich dem Sein verpflichtet, auch wenn es dieses nicht als theoretischen Begriff fasst, und über das Sein der Wahrheit und intrinsischen Gerechtigkeit der Sprache! Und im Horizont dieser großen Begriffe eröffnet sich auch schon eine Möglichkeit der Befreiung: Das Sein kann eine Sprache von der unseligen Zeit erlösen! Man muss nur die Sachen mit Wahrheit und Wirklichkeit etwas ernster nehmen! Aber selbstverständlich nicht hauptsächlich im objektiven Sinn! Die Negativität als künstliche Folge des künstlichen Missbrauchs existiert nur im menschlichen Bewusstsein! Und nochmals zum Sein selbst, es verdankt sich mehr der ethischen als der objektiven Wahrheit!

Abschließend noch kurz zurück zur Philosophie! Unter der Annahme des Bösen, der Negativität, war die Philosophie immer wieder auch ein säurescharfes Trennen von Setzen und Nehmen! Das spezifische Glitzern dieser dunklen Fläche oder Mattscheibe verliert sich in der echten Dunkelheit, der furchterregende Abgrund oder Spalt, die Leerstelle des Nichts erweist sich als getragen vom Nichts der Natur! Philosophie weiß, dass das philosophisch Böse nur vorgetäuscht ist, nicht substanziell, aber es hat eine reale Entsprechung in der Welt! Und die Eintrittskarte zur Philosophie, der Anspruch, ein Philosoph zu sein, war wohl verbunden mit der Innenansicht der Problematik, aber darin unterschied sich die Philosophie gesellschaftlich wohl nur geringfügig von anderen Fächern! Aber die philosophische Idee, dieser geniale Trick am Anfang allen Übels, ist die Verdeckung von Mord durch Missbrauch!

Mikaela, Du siehst, hier geht es schon ziemlich in die Vollen, und ich hoffe, Du stößt Dich nicht allzu sehr daran!

Herzliche Grüße,

Erich

20. November 2023

Liebe Mikaela,

ich weiß nicht, ob Dich dieses theoretische Zeug überhaupt interessiert, und, wie gesagt, ist seit dem letzten Band auch Praktisches dazugekommen, leider großteils Negatives, sodass es hier auf sprachliche Art zur Darstellung einer Mischung aus Theorie und Praxis kommt, und vor dem philosophischen Hintergrund eignet sich dazu gleichsam auf paradigmatische Art das Wort Geist, so ähnlich wie im mathematisch-naturwissenschaftlichen Bereich der Begriff Zeit. Der Geist ist die prinzipielle Ursache der menschlichen Verwirrung, insbesondere der Verwechslung des Ichs mit dem Kollektiv und allen Folgewirkungen, die sich potenziell daraus ergeben. Geist heißt, ich schiebe der Sprache die Schuld daran zu, dass sich das Ich nicht genau von den anderen abgrenzen lässt, woraus ein dauerhafter Schwebezustand der Unsicherheit entsteht, der eigentlich nur durch die Auflösung des Geistes beendet werden könnte! Der Geist vertritt insofern eine Anmutung der Künstlichkeit gegenüber der Natur, welche in deren Verleugnung gipfeln könnte etwas abweichend vom Missbrauch, der bewusst vergeblich in Richtung deren Vernichtung marschiert! Aber beginnen wir zunächst einmal im Kleinen!

Der Ursprung des Geistes besteht in der Identifikation mit jemand anderem, etwas, worum kein Kleinkind der Welt herumkommt! Die Sprache suggeriert ein Kollektiv, und die Anwendung dessen auf die Praxis erzeugt Unschärfe, eine Unschärfe, die dann auch von Personen auf Dinge übertragen werden kann! Der Geist wäre also wesentlich Unschärfe, die sich nicht auflösen lässt, weil die kulturellen Konventionen ja beständig existieren! Und die Frage, die der Geist aufwirft, ist jene nach dem Ursprung: Wer steckt dahinter, wer hat diesem Wort diese Bedeutung gegeben? Zweifellos nicht so einfach lösbar, müsste in die graue Vorzeit verlagert werden zu einem mehr oder weniger anonymen Kollektiv! Aber dem Menschsein haftet eine besondere Atmosphäre an, die Menschheit hebt sich ein wenig von der übrigen Natur ab und diese offensichtliche, leichte Diskrepanz reicht schon aus, um den Geist und dessen eingebildete Überlegenheit über die Natur zu begründen! Der Geist umfasst auch ein wenig Stolz auf die Errungenschaften der menschlichen Kultur, besonders der Sprache, aus der er ja wesenhaft entspringt! Und mit dem Stolz verbindet sich andererseits auch immer eine unbestimmte Angst, eine Furcht vor der Zukunft, die das Errungene wieder in Frage stellen könnte, zwar nicht unbedingt realistisch, aber der Geist selbst ist ja auch nicht so realistisch! Man wächst also schon mit dem Geist auf, ob man das will oder nicht, der Geist gehört bei jedem einzelnen Menschen einfach dazu! Und ist im Wesentlichen eine Unsicherheit des Einzelnen gegenüber dem Kollektiv, in welcher Form Letzteres gerade eben vor Augen steht! Diese Verbindung des

Einzelnen mit dem Kollektiv ist das Thema der Kultur schlechthin, und sie wurde bis jetzt scheinbar noch nicht restlos durchdrungen, zumindest nicht überschwellig dargestellt! Die Mystik liefert hierzu Ansätze in allen Kulturen, aber Mystik ist eben mystisch und andererseits kann jede Person Bewusstseinserlebnisse haben, die ein wenig in diese Richtung deuten! Die Lösung läge aber wohl tatsächlich in der Auflösung des Geistes, und wie soll diese bewerkstelligt werden angesichts der Gegebenheit der Kultur?

Anders ausgedrückt, der Geist besteht in der Unsicherheit, ob ich mein Bewusstsein als Ganzes mit dem Bewusstsein von jemand anderem vergleichen kann, und da kommt eine zweite Abstraktion ins Spiel, die eine etwas festere Konsistenz vorweisen kann, nämlich die Zeit. Der gesamte Inhalt des Bewusstseins ist auch Inhalt der konkreten Zeit, hat man sich geeinigt, und somit stellt die Zeit auch eine Struktur des Vergleichs zwischen Menschen, genauer zwischen deren Bewusstsein dar! Man nennt das einfach Zeit und der Fall ist erledigt! Und die Frage, die sich somit mit dem Geist verbindet, ist die große Frage, ob die Zeit außer Kraft gesetzt werden kann während des Lebens, ob ein Bewusstsein die Zeit auflösen kann und dennoch weiterbesteht? Die Zeit als objektive Konvention existiert ohnedies und lässt sich in dieser Hinsicht auch nicht in Frage stellen! So weit zur Theorie! In der Praxis kommt es wohl öfters vor, dass das Bewusstsein einmal die Zeit unterfällt mehr oder weniger bedeutsam, mehr oder weniger dauerhaft in der

Auswirkung, meist wohl gar nicht! Der Geist markiert aber eine Art Getriebenheit, eine schwaches, gleichsam gemitteltes, zusätzliches Niveau an Aktiviertheit, welche vor allem das Wachbewusstsein durchzieht! Schon aus Gründen der Effizienz, des Energiesparens im Organismus wäre also eine Auflösung des Geistes angezeigt!

Der Geist erscheint wie ein ständiges Anlaufen gegen Hindernisse, er scheint Hindernisse und Widerstände zu kreieren, um sie dann als Probleme darstellen zu können. Beinahe wohltuend hebt sich davon die Nüchternheit der Sprache ab, die sich auch als Versuch auffassen lässt, einander trotz des Geistes zu verstehen! Das Verhältnis Einzelner – Kollektiv ist nicht einfach zu beziffern, bezüglich der Sprache im Bewusstsein würde ich ohne Gewähr etwa auf ein 1:2 plädieren, aber Zahlen sind hier beinahe beliebig, helfen nicht wirklich weiter! Der Einzelne muss im Hinblick auf die Kultur nur das größere Gewicht des Kollektivs akzeptieren, ist aber für die konkrete Sprachverwendung dann ausschließlich selbst verantwortlich, zumindest als Erwachsener!

Der Geist einer Person fühlt sich an die Gewohnheiten deren Sprache gebunden ohne der Konsistenz der Sprache selbst auf den Grund gehen zu können, existiert also gleichsam wie eine auf die anderen hin gerichtete Mattscheibe und ist somit eine künstliche Bezogenheit auf andere Menschen. Und es klingt auch an, dass die dunkle Negativität, wie sie vom Missbrauch herrührt, irgendwie hier Eingang finden könnte oder bereits Eingang genommen hätte, aber selbstverständlich nicht bei jedem

Menschen! Die Kultur verbindet aber ebenso wie die Sprache, und somit kann der Spiegel des Geistes, welcher auf einem Missverständnis des Ichs beruht, im Inneren einer Person auch seine Spuren hinterlassen! So, wie ich von außen behandelt werde, wie ich mich selbst wahrnehme, kann ich mich auch innerlich objektiv auffassen, aus mir selbst einen vorgestellten Gegenstand machen mit diesen und jenen Eigenschaften, die sich dann vielleicht auch noch rational verbinden lassen! Durch meine Wahrnehmung schaffe ich ein innerliches, objektives Bild von mir, und daran ist der Geist sicherlich nicht ganz unbeteiligt! Er konzentriert sich auf und suggeriert Ankerpunkte, an denen ich mein Konstrukt festmachen kann, nicht ganz uneigennützig, denn dadurch wird seine Präsenz gestärkt! Das Ich wird dann als Subjekt missbraucht, das ein Bild von mir im Objektbereich zeichnet, auch wenn ich das möglicherweise gar nicht bewusst wahrnehme! Und das wahre Subjekt im Hintergrund ist der Geist!

Das Andere des Geistes, die andere Seite ist also die Natur, und der Geist kann seine eigene Konsistenz nicht begründen, was den Schluss zulässt, dass er überhaupt keine fassbare Konsistenz besitzt! Hand aufs Herz, wenn ich einmal kurz meine Aufmerksamkeit auf mich selbst lenke, werde ich mir schon eher als natürliches Wesen bewusst denn als geistiges! Und wird der Geist einmal aktiviert, brennt es sozusagen in meiner Körpermitte innerlich, dann verweist das auch auf die Natur als

Existenzgrundlage, wird dabei jene Einheit in oder von allem sichtbar, wie sie nur von der Natur bewerkstelligt werden kann! Die objektive Welt erscheint dann als sinnvoll, und das ist sicherlich nicht das Ergebnis der Wirkung des Geistes an sich! Und sollte sich andererseits der Geist einmal aufgelöst haben, bleibt die Existenz, das Bemessen eines Menschen an kollektiven Maßstäben, übrig wie ein Ausdampfen der Natur!

Der Geist ist also ein Trickster, der die Grenzen zwischen mir und den anderen verwischt, das Vorbild oder die Inspiration des Jokers, Kasperls oder Narren, auch wenn er bestenfalls über ätherische Substanz verfügt! Dieses Spiel, dieses Hin-und-her-Switchen zwischen mir und anderen wird durch Missbrauch der Sprache möglich gemacht und dabei wird mein Bewusstsein objektiviert, als ob es von mir abtrennbar und austauschbar wäre! Über der Sprache *bin* ich tatsächlich als natürliche Person, als Individuum, ebenso wie auch die anderen, und selbst die Zeit ist dort eher zu Gast als fest verankert, sie spielt nur gewohnheitsmäßig herein, weil sie im gesamten Bewusstsein als vorhanden gesetzt wird! Der Geist jongliert mit meinem Bewusstsein und Deinem und tut so, als wäre das die natürlichste Sache der Welt! Man muss schon sehr aufpassen, man muss sich letztlich auf sein Handeln konzentrieren, um dem auch nur auf die Schliche zu kommen!

Wenn ich hier sehr abstrakt die Behauptung oder das Sätzchen anführe, die Zeit suggeriert eine fiktive Translation oder Verschiebung im Bewusstsein, und daneben eine zweite Prämisse platziere, Besitz ist eine Translation des Verhältnisses „ich" zu „mein", dann werden hier zunächst zarte Strukturen des Bewusstseins sichtbar, die es bis hin zu gültigen Konventionen geschafft haben! Das Eigentumsrecht ist wohl einer der robusteren Teile des Rechtskorpus! Und dennoch schafft es der Geist, irgendwie sein Spielchen damit zu treiben, denn sein Standpunkt besteht wesenhaft in einem ständigen Ortswechsel! Und dem Bewusstsein oder der Vorstellung suggeriert er die Möglichkeit der Magie, von Abläufen, die der Ratio nicht so ohne weiteres verständlich sein könnten! Spiele zwischen Menschen werden anhand objektiver Strukturen gespielt, und der Geist findet dann genügend Platz, seine Wichtigkeit zu betonen! Ein Spiel reicht vom Selbst bis zu äußeren Dingen und ebenso bei anderen Menschen, das Bewusstsein wird vom Schleier des Geistes durch- oder überzogen und das Mysteriöse von Worten kommt als Zeit mit dazu! Alles angerichtet, auch noch für ein etwaiges Eindringen der dunklen Negativität! Aber ich sehe schon, hier müsste ich ein wenig beim Wort Zeit verweilen, um die Untiefen des Geistes besser ausloten zu können!

Mikaela, das Wort Zeit scheint etymologisch mit teilen, unterteilen, einteilen zu tun zu haben, und es stellt sich dann die Frage, was denn unterteilt wird? Setzen wir hier einfach mal probehalber das Leben hin, dann wird deutlich, dass das Leben als organischer Prozess nicht unterteilt werden kann, sich andererseits aber dennoch

Lebensabschnitte, Lebensstufen und so weiter unterscheiden lassen! Und das Leben als Ganzes eignet sich dann wiederum zum philosophischen Hinterfragen, ob das Ganze mehr sei als die Summe seiner Teile? Es wird delikat, exponiert und deutet dann auch gleich auf das Gegenteil, den Tod hin! Das begriffliche Gegenstück zum Leben ist der Tod, zur Zeit wäre es das Nichts, was umgekehrt die Substanz, die innere Konsistenz des Wortes Zeit in Frage stellt! Wie konnte man sich überhaupt auf eine Konvention der Zeit einigen, da scheint doch noch etwas zu fehlen? Wenn es „menschelt", hat man es häufig mit bewussten oder unterbewussten Emotionen zu tun, und die Zeit ist auf beinahe magische Weise eine rationale Struktur, zu der hin von Emotionen abstrahiert werden kann! Die Zeit gibt vor, oder der Zeit wird zugeschrieben, gegenüber Emotionen ausreichend oder völlig neutral sein zu können und sich somit als abstrakter Maßstab zu eignen, denn ganz emotionslos ist ein Mensch wohl selten in seinem Leben! Unter Hinzunahme der Unstetigkeit des Geistes, des Begleiters der Zeit, kommt ein Verwischen der Intersubjektivität dazu, sodass sich in extremis behaupten lässt, die gesamte Kultur diene im Wesentlichen nur zur Gestaltung der Zeit! Zeit scheint also irgendwie ein Desiderat kollektiv-psychischer Gegebenheit zu sein und sie kann sogar aus der Perspektive des Missbrauchs als der negative Anspruch apostrophiert werden, das Leben zu bestimmen! Die Zeit wäre dann wie eine platonische Kugel, eine geometrische Figur, die das Ebenmaß der Rationalität charakterisiert, zwischen dem Anfang und

Ende des Lebens! Und um diese Thematik noch weiterzuführen, bildet die Negativität Geistkugeln der Lüge am Seil der Zeit! Daraus lässt sich dann umgekehrt folgern, bei der Negativität geht es um die Erkenntnis der Lüge, der gesamte Inhalt der Negativität bezieht sich auf die Erkenntnis der Lüge! Und nochmals umgekehrt ließe sich sagen, die Täuschung der Lüge besteht in der Wahrnehmung fiktiver Zeit! Ein Mensch bleibt also in und mit seinem Bewusstsein allein, wenn er/sie sich auf den Begriff Zeit einlässt! Aber ebenfalls mit Hilfe des Geistes präsentiert sich die Zeit als verbindendes Element innerhalb kultureller Strukturen, sogar was die zentrale Verbindungsnaht zwischen dem Einzelnen und dem Kollektiv betrifft! Und dann ist die Zeit selbst eine Spannung von oder zwischen Vergangenheit und Zukunft, wobei diese nicht linear auf einer Geraden liegen, sondern quasi im rechten Winkel voneinander abstehen! Die Vergangenheit gehört zur konkreten Objektwelt, die Zukunft hat ihren Platz oberhalb der Sprache im schon wieder natürlichen Bereich des Bewusstseins etwa neben der Ethik und somit auch auf einigermaßen gleicher Höhe zu anderen Menschen und der Natur! Zukunft hat mit Gerechtigkeit zu tun, und diese ist wiederum eine Haupteigenschaft des schlichten Wörtchens Sein, das stellvertretend die Sprache repräsentieren darf! Die Zeit scheint also irgendwie die Sprache zu umkreisen und vielleicht auch zu durchdringen mit einem klaren Schwerpunkt unterhalb, in der Realität, und innerhalb des Bewusstseins etwa bei den Emotionen, und die Spannung von Vergangenheit und Zukunft gehört sogar ins Reich des Unbewussten, bildet eine Triebfeder, die sich selbst kaum auf den Grund gehen lässt!

Aber wozu das ganze Geschwafel? Die Zeit ist eine schillernde, leichte Konvention, beinahe transparent, objektiv betrachtet, aber sie hat es säftemäßig einigermaßen in sich, lässt sich nicht so einfach auflösen! Und die dunkle Negativität, wie sie sich als mehr oder weniger ganzheitliche Bewusstseinshaltung aus dem Faktum des Missbrauchs ergibt, hat dann gar noch den Anspruch oder das Ziel, die Zeit absolut zu setzen und damit nicht hinterfragbar, vor aller Kultur angenommen und somit unvermeidlich, unverzichtbar! Dies ist umso erstaunlicher, als sich rückwärts gewendet feststellen ließe, die Ursache der Negativität selbst liege mehr bei der Zeit als beim Missbrauch! Negativität stellt also eine Konservierung der Zeit dar, und dafür gibt es in der Sprache einfach den Ausdruck Dauer! Und der Sinn, das Ziel und der Zweck der Negativität liegen, etwas positiver, im Aufweis der Negativität! Jetzt könnte ich hier eine erstaunliche Parallele zur Zeit ziehen mit der Aussage, die Zeit ist im Wesentlichen die konsekutive Setzung von Zeit, und dabei auch gleich auf den Tod hindeuten: Motiv der Zeit ist die Befürchtung, das eigene Leben ende! Und eine Art Doublebind ergibt sich daraus, dass die negative Betrachtung des Todes mit der Zeit verknüpft ist! Hier kommt es wohl zu einer annähernd paradigmatischen Bedeutungsverschiebung im Reich des negativen Denkens! Die Zeit selbst, auch im konventionellen Sinn, ist ursprünglich eine nebelhafte Bedeutungsverschiebung, und diese wird von der Negativität kurzerhand verabsolutiert! Die Negativität lügt dann beispielsweise nicht zu ihrem eigenen Vorteil, sondern aus Prinzip! Und die Macht der Negativität besteht in ihrer Wiederholung! Man hält beinahe krampfhaft an einer etwas luftigen Schleife fest, um nicht in den Abgrund des Todes zu stürzen! Etwas süffisant könnte man behaupten, die einzige Handelsware der Negativität wäre Feigheit!

Man kann der Zeit im Raum oberhalb der Sprache den Begriff Sein entgegensetzen, und ich persönlich vermute oder argwöhne, die Absicht der dunklen Negativität zielt auch ein wenig darauf ab, das Wort Sein einfach durch die Zeit zu ersetzen! Dies wird aber kulturell erleichtert oder beinahe in die Wege geleitet durch die frühere Aufhebung des Moralisch-Ethischen im Religiösen etwa in der Art, dass man Böses einer mythischen Figur wie dem Teufel zuschreiben konnte. Die höheren Begriffe entziehen sich in der Kultur dem Zugriff des Einzelnen, und wenn es in meinem Inneren klick gemacht und ein plötzlicher Umschlag ins Negative stattgefunden hat, dann finde ich mich gegebenenfalls von der Allgemeinheit nicht adäquat vertreten, ich komme innerlich zu einer Gegenposition, an der ich dann mehr oder weniger stur festhalte, zumal die äußere Ursache ja unverändert weiter existiert! Ich kann von Anfang an davon ausgehen, dass es andere gibt, denen es ebenso geht, und ich habe eigentlich keine weitere Verbindung zu diesen als eben diese negative Tatsache! Ich brauche etwas in der Kultur, um diesen Bewusstseinszustand daran festzumachen, und dazu eignet sich das Wort Zeit, und wenn ich damit das Sein, den Anspruch der Wahrheit, ersetze, treffe ich gleichsam zwei Fliegen auf einen Schlag! Wahrheit wird durch Lüge ersetzt und ich verfüge über einen konventionellen Zugang zur Kultur! Man kann dem entgegensetzen, die Negativität sei inkonsistent, weil sie ja trotz allem am Leben festhalten muss! Aber selbst das Wort Leben, das von der natürlichen Grundlage her unantastbar bleibt, kann im geistigen Bereich von den Säften der Negativität angegriffen und sogar teilweise imprägniert werden! Wie in einer Pyramide könnte man sich vorstellen, der Begriff Leben bildet die Spitze Zeit-bedingter Ausdrücke! Leben, passiv betrachtet, ist Zeit, und aktiv wäre es dann die Aktualität des Handelns! Und dieses Ersetzen des Seins durch die Zeit spielt sich oberhalb der Sprache ab in einem Raum, der der Ethik, Verantwortlichkeit, etwa auch der Seele und so weiter vorbehalten ist, wo die philosophische Betrachtung kaum hinkommt, und das vielleicht mit Absicht! Hier können auch transzendente Bewusstseinserlebnisse verortet werden, deren Folgen einen Menschen unter Umständen näher an die Natur des Inneren binden! Philosophen können auch derartige Erlebnisse gehabt haben, aber sie verschweigen sie, weil sonst die Einheitlichkeit des Inhalts gestört wird, und zwar im negativen Sinn, also doppelt negativ, um genau zu sein! Philosophie diente dazu, die aus dem Missbrauch resultierende Negativität zu beleuchten, und damit ist zweifellos auch eine ethische Negativität verbunden! Die Lüge der Zeit, die inhaltliche Gehaltsverschiebung, tendiert auch zur Ungerechtigkeit eines Subjekts, und das ganz allgemein, aber innerhalb eines Rahmens des Tolerablen! Umgelegt auf die Negativität zeigt sich dann, das Missbrauchsgeschehen ist eine fortgesetzte Lust der Lüge! Aber wie käme man dann aus dieser Misere heraus? Der Ansatz liegt nicht weit entfernt, nämlich ganz einfach in der Sprache selbst! Die Sprache hat eine innere Kraft, die nicht durch die Magie der Zeit konterkariert werden muss, und die eine lebensnahe Verbindung zur Natur erkennen lässt! Einzige Voraussetzung dazu wäre, die Sprache „mit gutem Gewissen" sachadäquat zu verwenden, also so, wie sie wahrscheinlich von allen verwendet wird, oder?

Aber die Negativität schafft es, selbst die Sprache als von der Zeit abhängig zu betrachten! Die naturwissenschaftlich so unbestreitbare Zeit hat als kulturelle Konvention eine ganz andere Anmutung: Meine Zeit muss nicht unbedingt Deine Zeit sein, wir könnten sogar über die Zeit konkurrieren! Und nicht von ungefähr lassen sich auch die Kognitionen Besitz und Eigentum mit der Zeit oder deren Dauer in Verbindung bringen! Das menschliche Bewusstsein unterscheidet sich implizit durch Zeit und hier kommt es zu einer Aufspaltung mit dem Knecht der Zeit, dem Geist, welcher unter anderem davon lebt, die Ganzheit des jeweiligen Bewusstseins zu vergleichen! Das Ganze muss vergleichbar sein, und im Kern weiß selbst der Geist, dass das nicht stimmt! Aber ich kann behaupten, ich verhalte mich zum kulturellen Kollektiv entsprechend meiner inneren Zeit, und zugleich kämpfte ich zeitlebens mit der Konvention Zeit! Welche andere kulturelle Konvention eignet sich also wie die Zeit, eine kulturelle Scheinbasis für die dunkle Negativität abzugeben? Die objektive Zeit ist der vermeintlich kollektive Anteil an der Existenz, die Zeit erscheint dann als eine Art gesichtsloser Ausdruck der Kollektivität! Eine Maske lässt sich assoziieren, Verborgenes ließe sich befürchten, man ist sich nicht mehr sicher! Für die dunkle Negativität gegebenenfalls ein Leichtes, in ihr ureigenstes Reich abzuleiten, in die unterschwellige Welt des Scheins, der es an konsistenter Substanz mangelt! Man müsste hier tatsächlich einmal versuchen, sich den Inhalt der dunklen Negativität konkret vor Augen zu stellen, ihren Kern, versuchen, to terms zu kommen! Ich bin jetzt nicht so zentral eingeweiht, aber ich denke, man trifft dann vor allem auf Kälte, auf frostige Temperaturen zwischen Personen und auf Zwischenräume, deren Konsistenz sich mit überschwellig gebrauchten Ausdrücken kaum definieren lässt! Leerstellen, deren Substanz Lüge ausmacht, der verzweifelte Versuch, Inkompatibles miteinander zu verbinden, weil es einfach so sein muss, weil das Ding selbst es verlangt! – Welches Ding, zum Teufel? Ein Ding ist ein Seiendes, vermittelt Dauer und erhält Sprache! Und das Seiende bezeichnet auch die Sprache einer Person, also deren Übereinstimmung mit der Realität! Es geht also letztlich einfach um die Sprache, überschwellig, für jedermann an der Kommunikation erkennbar! Und unterschwellig, im Verborgenen ist es nur eine Frage, ob man Mord auf Missbrauch hin abbildet und das als zulässigen oder gar notwendigen Teil der Realität auffasst!

Mikaela, ich habe mich schon öfters gefragt, welchen Inhalt man sachgerecht oder zurecht mit dem Wort „absolut" verbinden kann, und zwar abgesehen von diversen Zuschreibungen in der Politik, Geschichte oder auch der Religion, die mir nicht so exakt geläufig sind! Es scheint beinahe so, als existierte da ein Wort, dem man in der alltäglichen Realität gar keine Bedeutung zuschreiben kann! Was ist schon absolut, was verdient tatsächlich die Bezeichnung absolut abseits von bekräftigenden, rhetorischen Floskeln? Du wirst es nicht glauben, aber durch die Beschäftigung mit der Philosophie bin ich tatsächlich auf eine Spur gestoßen, die mir gangbar erscheint: Absolut ist der Übergang des Bewusstseins vom Alles zum Nichts, und zwar durch mehrere Schichten hindurch! Das Absolute ist wie ein vertikales Rohr, durch welches man von der Seele bis in den Körperschwerpunkt abrutschen kann im Bruchteil einer Sekunde und das sich im nächsten Augenblick schon wieder aufgelöst hat! Und da so ein Vorgang wahrscheinlich nur einmal in einem Leben stattfindet, kommt dieses Wort dementsprechend selten zur Anwendung, einmal für einen Augenblick! Aber man kann dann natürlich lange darüber nachdenken, reflektieren, Sätze bilden und diese vielleicht aufschreiben und so fort! Der Inhalt ist derart delikat, dass man dabei unwillkürlich an die Auktion einer seltenen Trüffel oder eines besonders alten Weines denken muss! Was kostet die Welt, was kostet das Absolute?

Ich muss hier, wie versprochen, die Kurve kriegen zum Begriff Geist, welcher auf einem Nicht-so-genau-Nehmen der Natur basiert und von da zu einem prinzipiellen Verwischen der Wahrheit, also auch der Bedeutung von Begriffen kommt. Und dieser „Wappler" fürchtet sich natürlich vor dem Absoluten, weil er die delikate Realität, die dadurch zum Ausdruck kommt, leugnen muss, gewohnheitsmäßig sozusagen! Und rundherum ist nicht viel anderes, auf das er Bezug nehmen könnte, somit wird das Absolute zur äußersten Furcht gewandelt und andererseits vielleicht auch in einen Status der Anbetung versetzt, indem man etwas, vor dem man sich fürchtet, auf althergebrachte Art Macht einräumt, gegebenenfalls eben mythisch-irrationale Macht! Durch eine Art von Höhersetzung, Verehrung besteht zumindest die Möglichkeit, diese Entität günstig zu stimmen, magisch, mythisch, geheimnisvoll! Die negative Angst besteht dann durch Wort- und Inhaltsverdrehung vor dem absoluten Absturz ins Nichts, und den Verehrungsstatus erhält das Absolute in diesem pervertierten Sinn, indem man den inneren Tod fingiert und dadurch die Negativität befreit!

Möchte man den Ausdruck absolut dennoch positiv fassen, so bietet sich im Anschluss an die historische Epoche des Absolutismus ein scheinbares Konterkarieren des Idealismus an mit der Aussage: Absolut ist die Idee einer Positivität des Lebens! Und mit einem geläufigen, mystischen Paradoxon kann man noch einmal auf den Inhalt Bezug nehmen: Absolut ist die Erfahrung des Todes während des Lebens! Beim Wort Tod läuft einem aber sogleich ein Schauer über die Haut, und das zu Recht, denn im Gefolge des Absoluten hat es die Negativität geschafft, dieses Wort auf die dunkle Seite zu ziehen! Einmal wird durch den Trick der Lüge eine grundlegende Furcht umgangen, die Lüge der Negativität ist die Erfahrung des Todes! Und dann wird der Tod gleich als substanzieller Bestandteil integriert, indem das reale Anfangserlebnis des Negativen als „Tod" interpretiert wird! Durch solche, wenngleich unterschwelligen Zuschreibungen wird das ganze Wort belastet, und der Tod wäre schon alleine problematisch genug! Eine Befürchtung des Todes kann dann zu all dem Bösen in der Welt führen, die Lüge der Zeit führt, konsequent gedehnt, ohnedies unweigerlich zum Tod! Und unter diesem Aspekt könnte man auffassen, dass der Missbrauch eine Abmilderung der Furcht vor dem Tod sein soll und dabei zu dem seltsamen Mittel greift, dem Tod Leblosigkeit entgegenzustellen, Gleichförmigkeit entgegenzusetzen! Da ist es dann schon wohltuend entlastend, im Kontext eine neutrale Aussage zu treffen wie etwa, der Tod ist nicht viel mehr als eine Bedingung des menschlichen Seins!

Die Negativität scheint also beinahe sklavisch unterwürfig um die Lüge zu kreisen sowohl methodisch als auch inhaltlich, und ein Negativer leidet selbst wohl am meisten darunter, seine Energie in diesen Grenzen aufopfern zu müssen! Es gibt aber keine Alternative, hier gibt es nur entweder - oder, ja oder nein! Die Lüge verneint die Sprache selbst, macht sie verfügbar, beliebig und entzieht dem Menschen damit seine kulturelle Authentizität! Der gedachte Zusammenschluss von Inkompatiblem ist Lüge! Und inkompatibel ist zum Beispiel der Versuch, von Mord durch Missbrauch abzulenken und dadurch irgendwie die Kurve zur Normalität zu markieren! In der Folge entsteht ein eigenes Ding, das in der überschwelligen Realität keinen Platz hat und dem deshalb nur ein Platz im Unterschwelligen, Verschwiegenen, Verheimlichten zukommt, wobei einzig die Beständigkeit dieses Dinges verwunderlich ist! Gäbe es keinen Geist und kein Unbewusstes, dann wäre so ein Ding auch nicht möglich! Aber ich sollte mich vielleicht später noch ein wenig ausführlicher mit diesem Ding befassen!

Herzliche Grüße,

Erich

27. November 2023

Liebe Mikaela,

ich habe ein ganzes Büchlein über den Missbrauch verfasst und dabei feststellen müssen, dass sich Irrationales eben nicht rational lösen lässt! Die Beinahe-Konsistenz des Negativen ist schon beeindruckend und offensichtlich eine sehr harte Nuss, und der Verstand will sich nicht so leicht damit zufrieden geben, dass das Ganze eigentlich keine fassbare Substanz oder eben Konsistenz aufweist! Das Ding des Negativen scheint den Negativen unverdaulich zu sein, und so müssen sie es immer wieder weitergeben! Liegt eine Ursache zutage, verläuft sich das Ganze wahrscheinlich wie ein Rinnsal im Sand!

Es wurde bereits behauptet, der Anfang der Lüge ist Imkompatibles zusammenfügen und der Geist ist eben der Versuch, Imkompatibles zusammenzufügen. Und das Bestehen des Missbrauchs zeigt, dass man seine Ursache nicht kennt! Aber ein wenig abstrakter betrachtet, ist der Missbrauch nur eine Verschiebung der Negation der Zeit! Die persönliche, innere Zeit bildet einen Fluchtpunkt für jede mögliche Erfahrung, positiv oder negativ, und in dieser spezifisch negativen Perspektive wird die Zeit dann zum Stellvertreter für die gesamte Kultur! Was durch die Negativität verneint werden soll, ist die Natur! Es scheint gewissermaßen, als hätte der Mensch die Grundlage seiner Herkunft vergessen: „Ich bin Natur". Negativität ist demnach auch eine pessimistische Ansicht des eigenen Ichs! Sie gesteht beinahe grundsätzlich dem Ich seinen Geltungsanspruch nicht zu! Das ganze, negative Ding ist eine sehr geschlossene Angelegenheit, unterschwellig! Wäre es das nicht, könnte es nicht so einfach durch die Zeiten hindurch bestehen! Es ist schon Zeichen einer gewissen Exklusivität, zum dunkel-negativen Zirkel zu gehören! Und Kennzeichen dessen ist eine noble Blässe, eine Blutleere im Gesicht! Und die Aufgabe der mir zukommenden Position in der Normalität, in der Gemeinschaftlichkeit menschlicher Konventionen! Man kann eben nicht alles haben, man muss sich für etwas entscheiden, in diesem Fall binär für eine der beiden Seiten, für das Überschwellige oder das Unterschwellige!

Und das Ding selbst ist auch geschlossen, nicht nur der Zirkel der Menschen, die ihm huldigen! Das Wort Schuld etwa wird von den Negativen als interner Schildbegriff mitgeführt! Es ist beinahe eine Art Auszeichnung, schuldig zu sein! Man versteht sich untereinander, man fühlt sich auf diese Art miteinander verbunden! Blöd nur, dass sich dieses Wort nicht so leicht in den normalen Duktus der Sprache integrieren lässt! Überschwellig kann man mit dem Wort Schuld nicht so einfach hausieren gehen! Schuld ist ein Hauptwort aus negativer Perspektive, ein Identifikationsbegriff! Und der lässt sich wiederum aus einer einigermaßen normalen Bewusstseinsempfindung ableiten: Schuld bezeichnet sozusagen das Verhalten des Negativen aus Innensicht! Es ist nicht so, dass ein

38

Missbrauchstäter nicht wüsste, worum es geht! Aber die Wertungen und Gewichte der Maßstäbe sind wohl etwas verschieden, die Gemeinschaft der Negativen setzt irgendwie andere Normen! Und die Konsistenz der Gemeinschaft der Negativen wurde bisher nicht nachgewiesen trotz aller Versuche der Philosophie, die Sprache entsprechend zu drehen! Ein Negativer bleibt letztlich eine Monade, eine Fliege, die ihrem Schicksal zu entgehen hofft! Aber in Summe konnte der Missbrauch immer wieder auf die Kultur, ihre Elemente und ihre Entwicklung Einfluss nehmen und damit nachweisen, dass das negative Ding auch seine Berechtigung hat! Ich könnte zum Beispiel behaupten, das Wort Schuld verknüpft die Vergangenheit und die Gegenwart intentional, sozusagen strukturell, ein bestimmter Strang der negativen Perspektive nimmt somit auf die Gegenwart Einfluss und bestimmt damit implizit auch die Zukunft, logischerweise auch negativ! Wenn ich mir Schuld als Leitwort vorhalte, gebe ich den anderen etwas zu lösen auf! Was dabei auf jeden Fall übrigbleibt, ist eine gewisse Substanzhaftigkeit der Negativität, solange die Menschheit insgesamt nicht den Missbrauch aus dem Möglichkeitsbereich verbannen möchte! Der Übergang vom Mittelalter zur ach so weltlichen Neuzeit stellt mit dem Humanismus zuerst die Frage nach der Schuld, ein Mensch zu sein!

Die praktische Anwendung des negativen Dinges, das Handgreifliche, ist der Missbrauch, und wie das theoretische, negative Ding sich von normalen Dingen in der Konsistenz unterscheidet, so auch die praktische Anwendung! Das Ding ist leichter, weil es sich nicht geradewegs umsetzen lässt, weil von der Sprache zum Objekt keine direkte Verbindung besteht! Das Ding selbst enthält einen zentralen und beliebig viele andere Widersprüche, muss also jedes Mal gleichsam gewaltsam geformt und zusammengehalten werden, versteht sich nicht von selbst und ist hauptsächlich für die Missbrauchstäter selber ein Problem! Man bettelt mit dem Missbrauch um Befreiung von der Negativität, und man kann die Negativität nur aktualisieren, indem man missbraucht! Selbst das durch den Missbrauch hervorgerufene Böse lässt sich als Täuschung verstehen! Was ist dann noch echt? Der Missbrauch ist eine abwegige Erfahrung ohne Substanz! Gemeinsam mit dem kollektiven Geist ergibt er ein System der Lüge! Die dadurch ausgelöste Negativität überträgt Blutleere und Hoffnungslosigkeit! Und man kann in so einem System gefangen sein, was wohl auf die meisten Täter irgendwie zutrifft! Und in so einem Zustand der Kälte und der Finsternis kann man leicht darauf verfallen, das Ich rückwärts zu verlängern zu anderen hin, zumal das eigene Ich ja auch etwas leichter und durchlöcherter ist als beim Durchschnitt! Der Missbrauch dient vielleicht auch dazu, ein beschädigtes, ramponiertes Ich zu verfestigen! Das Ich sieht auf mich selbst, aber im Hintergrund ist es mit anderen und deren potenziellen Standpunkten verbunden! Weshalb sollte ich also nicht diesem Hintergrund nachgehen, und damit es nicht allzu kompliziert wird, spiegle ich mich einfach selbst darauf hin! Spiegel bedeutet Geist und Sprache, und ich arbeite gegen die Sprache! Es geht um einen Protest gegen die Kultur allgemein! Gegen die Sprache komme ich nicht an, aber ich kann den Gedanken des Systems nutzen, der Aneinanderreihung von Lügen, ich kann jemand anderem die Sprache nehmen, wenn ich diese schon nicht verändern kann! Ich nutze einfach die Sprache als ganze, ich drehe mich um, nein, ich drehe mein Ich um, ich blicke mit meinem Denken einfach nicht mehr in die Vergangenheit, sondern in die Zukunft! Und da mir nur die Lüge als Mittel zur Verfügung steht, wird die Zukunft einfach erlogen, über die Sprache eines anderen, die ich diesem entwende! Und der Tropf kann gar nichts dagegen tun, denn man kennt ja die Negativität und den Missbrauch! Damit lässt sich der Vogel schon abschießen! System heißt, es muss immer wieder etwas Neues hinzuerfunden werden, und damit wird mir garantiert nicht langweilig! Der Missbrauch und die Negativität beweisen, dass es Systeme gibt, die negativer Willkür ausgeliefert sind! Man kann negativer Willkür systematisch ausgeliefert sein, und es liegt nahe, dass das auch zur Aktivität, zur Intention des Negativen wird!

Im Grunde ist es wie bei kleinen Kindern, die irgendeine Absicht verfolgen, aber ihr Ziel nicht erreichen! Es liegt ein Fehler vor, der von Erwachsenen korrigiert werden kann! Weshalb scheint das bei der Negativität und beim Missbrauch nicht möglich zu sein? Die Vergangenheit liegt zutage, wenn man die Ursachen kennt! Die Zukunft hat noch niemals irgendwohin geführt! Es bleibt also nur die Gegenwart, und die ist im Falle der Negativität stark genug oder zumindest ausreichend, um immer wieder denselben Blödsinn abzuziehen! Die Sprache kann gar nicht zur Negativität des Missbrauchs um- oder ableiten! Dieses Ding hängt also in der Luft oder besser im luftleeren Raum! Aber vielleicht macht es gerade das so einzigartig, so anders, so kulturell im Kampf gegen die kollektive Kultur! Philosophen erwähnen die Sprache kaum, weil sie wissen, dass sie hier den Kürzeren ziehen! Und noch weniger versucht man, alle Dinge der Kultur und der Existenz mit der ihnen zukommenden, inneren Ethik zu verbinden, die schon in der Wahrnehmung zum Ausdruck kommt! Wahrnehmung ist ein natürlicher Vorgang und eignet sich ganz wunderbar zum Ausgangspunkt für die gesamte Ethik! Man müsste nur ehrlich sein! Philosophen klammerten diese Bereiche einfach aus und schrieben den realen Dingen das Alltags nur periphere, beinahe willkürliche Bedeutung zu! Die Realität eignet sich nicht zur Verallgemeinerung, denn es gibt ein Ding, das mit jener nicht kompatibel ist und das dennoch als Ausgangspunkt von allem genommen wird! Die anderen sind dumm oder schwach oder zumindest unerfahren, der Anfang von allem fällt mit diesem Ding zusammen, was vorher war, zählt nicht oder ist bestenfalls kontingent! Ich kann in meinem Denken mit der Wahrheit und Gültigkeit der Kultur nichts anfangen, aber ich brauche Strukturen und Kulturelemente, um meine alternative Sichtweise realisieren zu können! Ich möchte Maschinen bauen, die dieses widerspruchsvolle

Ding umsetzen, anwenden können! Ich möchte mich selbst entlasten! Aber nichts scheint zu funktionieren, und dennoch gibt das Netzwerk, geben die Vertreter des Dinges nicht nach! Nur eines hat sich schon immer als wirksam erwiesen, jemandem die Sprache zu nehmen! Eine gesetzte Lüge erzeugt beharrliche Leblosigkeit! Ich verlagere das Ding einfach auf jemand anderen, werde es dadurch zwar nicht selbst los, aber ich kann mich ja entscheiden, der andere nicht! Ich muss mir nur jemanden suchen, bei dem das vielleicht auch etwas bringt, der mir die eine oder andere Lösungsmöglichkeit für Dinge des Lebens aufzeigen kann! Denn ich möchte das Leben besitzen, nicht leben! Das Leben ist ein Gut, und wenn es bei mir nicht gelingt, braucht es das auch bei anderen nicht!

Die Negativität ist quasi der theoretische Hintergrund oder die theoretische Auseinandersetzung mit dem Ding des Missbrauchs, und zwar auf alles bezogen, auf die Gesamtheit! Man kann ein einzelnes Objekt verneinen, man kann positiv oder negativ zu etwas stehen, aber die Ablehnung von allem führt logischerweise ins Vakuum, ins Nichts, in einen Gedankenraum, dem in der Realität oder Wirklichkeit nichts entspricht! Und die Negativität ist ein Gedankengewebe, eine Textur, die ihre Grundlegung und Rechtfertigung aus grauer Vorzeit über die Einführung der Schriftkultur bis in die Gegenwart hinein erhalten konnte! Negativität ist ein Text mit dem Inhalt Nichts, aber nicht das real oder psychisch existierende Nichts der Natur, sondern nur ein hypothetisches, auf Lüge basierendes Nichts! Die Lüge ist das einzig Reale am ganzen Gebäude der dunklen Negativität! Und der Missbrauch, selbstverständlich! In ihrem Kontext, bezogen auf ihren spezifischen Inhalt könnte man die Negativität als Verherrlichung der Lüge als Retter apostrophieren! Ob das jetzt als Götze auf einem Sockel im Keller veranschaulicht und dargestellt wird, ist dabei nicht so wichtig, auch nicht, ob ein zentraler Inhalt der „Verwirklichung" in dunklen Opferhandlungen besteht! Die Negativität ist ein Gewebe, in der Philosophie ein theoretisches, und weist auf, dass Nichtexistentes doch existiert!

Der Missbrauch möchte beweisen, dass Konventionen nicht gelten, aber er braucht Strukturen der Kultur, weil er solche in seiner Blutleere und Lebensferne nicht selbst herstellen kann! Negativität möchte Strukturen der Kultur verfestigen, aber nur in ihrem eigenen Sinne, in der Richtung ihres Denkens und der Kontingenzen, die sich aus ihrer Praxis ergeben! Philosophen gingen hier ein wenig als lebende Wegweiser voran, jeder auf seine Art, und in Summe kommt dabei doch so etwas wie eine relativ einheitliche Thematik heraus, mit Schlüsselwörtern, die sich zum Teil sogar als Codes eignen würden, mit bestimmten Blickwinkeln, aus denen die normale Realität betrachtet wird! Ein Philosoph wurde wahrscheinlich berufen und war eine Einzelperson mit der irgendwie gesellschaftlich zugeschanzten Kompetenz, sich zu dieser Thematik zu äußern! Dementsprechend musste man sich auch an das hier geltende Regelwerk halten! Philosophische Texte können in dieser Hinsicht beinahe als konsistent erscheinen, aber sie vertreten einen Inhalt, dem nicht einmal das grundsätzliche Merkmal substanzartiger Konsistenz zukommt! Wenn man sich länger damit beschäftigt, wird allerdings die Diskrepanz zu „normalen" Verstandesinhalten überdeutlich und es könnte zu einem Umschlag des Gemüts im Zuge der Rezeption kommen, wo der innere Zwang, einem Text zu folgen, so spürbar wird, dass er als eigene Mühe erscheint! Weshalb sollte ich einem Text nachgehen, von dem ich jetzt ohnedies schon mit großer Wahrscheinlichkeit vermute, dass er nirgendwo hinführt? Ich könnte Einzelheiten lernen über das negative Ding, das schon, aber hier hält sich die Ausbeute meist auch in Grenzen! Und wenn ich keine Lust an der Lüge an sich und ihren potenziellen sprachlichen Ausgestaltungen habe, wenn ich nicht selbst zu diesem Kreis Ausgewählter gehöre, weshalb sollte ich mir dann diese seltsame Art von Wissen aneignen wollen?

Mikaela, es gibt sicherlich verschiedene Phasen der Negativität, aber ich bin zu wenig Insider, nur als systematisch Betroffener, und das intern tradierte Wissen dazu ist mir eben nur zum Beispiel über philosophische Texte zugänglich! Außerdem bin ich historisch nicht sehr gebildet! Die Anfänge, und das Wort Anfang lässt sich auch von negativer Seite als Repertoireinhalt beanspruchen, gehen wohl auf einen oder mehrere Obergescheite zurück, die ihre Probleme mit der entstehenden, menschlichen Kultur hatten und deren Ablehnung umfassend, scheinbar ganzheitlich war, was natürlich nicht tatsächlich möglich ist! Einem Geistesblitz zufolge gelang dann eine Verbindung mit der Realität über ein verheimlichtes Kapitalverbrechen und die Eröffnung der Reproduktionsthematik als Spielfeld oder -wiese! Es gelang auch eine Verbindung mit dem spirituellen Raum, was sich dann in einer ambivalenten Opferthematik darstellte! Hier wäre man vielleicht schon in der archäologisch fassbaren Zeit unterwegs bis hin zur Jungsteinzeit! Mit der Einführung der Schriftkultur wurde sogar die Opferthematik etwas reguliert, und die Negativität musste buchstäblich in den Untergrund ausweichen, ihre Sprache kodieren und all das, was bis heute unter diesem Thema geläufig ist! Eine wesentliche Zäsur scheint allerdings die Einführung der Demokratie darzustellen, welche dann erst nach dem Zweiten Weltkrieg geistig entsprechend Fuß fasste! In der Folge kam es dann auch zu öffentlichem Aufbegehren gegen den Missbrauch, und es scheint nur noch eine Frage der Zeit zu sein, bis dieses uralte Kapitel endlich geschlossen werden kann! Auch die Philosophie etwa hat sich entsprechend verändert, sie war früher sozusagen prädestinierte Doppelbödigkeit gewesen, man könnte kalauern, die klassische Philosophie wäre vom Geist der Lüge besessen gewesen, aber das hatte eben in gewisser Hinsicht auch aufweisenden Charakter und die Philosophie damit doppelte Funktion! Sie strebt scheinbar danach, einen inkonsistenten Inhalt in der Realität zu verankern, und zugleich stellt sie diesen Inhalt jeweils ein

Stück weit auch dar, gibt etwas davon preis, egal, wie man dazu stehen mag! Wörter, die involvierte Sprache werden dabei zum Großteil konsequent abweichend bis gegenläufig gebraucht, aber selbst das kann einen Hinweischarakter haben! Über die Dialektik fand die Philosophie gewissermaßen Anschluss an die überschwellige Sprache und Dialektik ist auch schon Inhalt der platonischen Dialoge! Ich kann „perfekt, Perfektion" als Wörter der Negativität auffassen, aber es steht jedem frei, sie in seinem Alltag auch anders zu verwenden, die Demokratie macht's möglich! Und die Mehrheit der Menschen ist oder war immer positiv, selbst wenn Täter oder betroffen, das Leben will gelebt und nicht besessen werden!

Aber wie könnte man sich das Innere eines Negativen vorstellen? Man sitzt wie das Kaninchen vor der Schlange, oder umgekehrt wie eine Schlange vor der Leerstelle, die es zu knacken gälte! Am meisten fürchten sich wohl die Täter selbst vor der Negativität! Was gibt es da auch zu wissen oder zu erkennen außer der Lüge und dem Nichts, einem negativen, synthetischen Nichts? Und doch besteht darin die Aufgabe, etwas zu erkennen, denn dahin tendiert wohl jeder Verstand angesichts von Unbekanntem! Ein Negativer weiß, ahnt, fühlt, dass sein Ding ein theoretisches ist, und dass es auch so gelöst werden müsste, aber wenn man es löst, hört es logischerweise auf zu existieren! Also geht es um ein Befestigen der Wände, die die Leerstelle eingrenzen! Die innere Aufspaltung der Negativität ist postuliert, nicht real! Der Umschlag einer Hegelschen Position in die Negation bleibt die Begründung schuldig und kann sie auch niemals geben, aber sie existiert real im Ding des Missbrauchs! Der Missbrauch wäre an sich eine findige Aufforderung zur Sprachlosigkeit, aber die Philosophie hat die Dialektik hervorgebracht. Widerspruch und Lüge, wohin man auch blickt! Die Negativität ist etwas Kognitives, der Missbrauch etwas Praktisches und selbst diese beiden Grundelemente passen nicht zusammen, lassen sich in der Psyche eines Täters nicht vereinbaren! Immerhin, an einem Punkt des Verdrehten, Pervertierten befindet man sich in Sicherheit, man kann am inkonsistenten Negativen nicht Verrat üben! Einem Täter kann nicht die Sprache genommen werden, die er so sehr verabscheut, er kann nicht in den Abgrund der Inkonsistenz hineingestoßen werden, denn er befindet sich ja bereits darin!

Negativität verwendet eine Sprache, welche sie ablehnt, der Schrecken, den die Negativität verbreitet, schreckt die Täter am meisten, das Gebäude, in dem ein Negativer wohnt, ist ihm die Hölle! Und es gibt kein Entkommen, weil man ja festhalten muss! Negativität als Ur-Muster der Logik! Aber es steckt schon mehr dahinter! Negatives kommt auch wie ein offensives Betteln um Negatives daher, man verspricht sich etwas davon! Die Stärke des Negativen liegt in der Erwartung der Zukunft, aber der Missbrauch behindert, destruiert im praktischen Sinn, und so erweist sich das Negative gleichzeitig als homogene

Verbauung der Zukunft! Dauer ist ein Segen und ein Fluch! Ich kann etwas auf die unendlich lange Bank schieben und damit nimmt mein Unglück kein Ende! Angesichts der Ergebnisse der Realität der Geschichte ist man vielleicht schon etwas müde geworden, möchte man die Kompetenz der Zukunft abgeben, das einzige As im Ärmel! Aber es hilft nichts, solange diese Negativität existiert, muss sie durchgeführt werden und es finden sich immer neue Formen, in denen man sie anwenden, erproben kann! Und es gibt keinen Grund für den Missbrauch, außer dass er durchgeführt wird!

Mikaela, ich habe jetzt doch immerhin schon ein paar Jahre lang philosophische Texte gelesen, und ich habe mich des Eindrucks nicht erwehren können, dass deren Autoren vielleicht auch Transzendenzerlebnisse des Bewusstseins hatten, spezifische Bewusstseinserlebnisse im positiven Sinn, die eine Verbindung der Kultur mit der Natur im Bewusstsein, also in der menschlichen Hardware, im Körper und der Psyche, aufweisen. Ein Transzendenzerlebnis ist ein gerades Seil, mit dem ein Inhalt auf dem Boden der Natur vertäut wird, eine direkte Verbindung von potenziell lügenanfälliger Kultur, von geistumwobener und -durchdrungener Psyche zu dem, was ist, was tatsächlich ist, wenn ich meine Sprache danach ausrichte! Transzendenz hebt den Menschen auf in der Geborgenheit der Natur, macht sozusagen für das Bewusstsein alles gut, solange so ein Erlebnis andauert, erweist letztlich die Kultur als natürlich fundiert! Und der Platz so eines Erlebnisses wäre der Ort unmittelbarer, innerer Wahrnehmung, also etwa die fünfte oder sechste Schichte der diversen Bewusstseinsmodelle, oberhalb der Sprachschichte, im Bereich der Ethik oder auch der Spiritualität! Unten in dieser Schichte, direkt oberhalb der Sprache, sitzt der Begriff Sein, und der Begriff Ethik lässt sich dann auf Wahrheit reduzieren, die Übereinstimmung von Sprache und Realität! Die Sprache befindet sich aber darunter und die Realität noch weiter entfernt, etwa in der dritten Schichte, und so kann hier nur ein intuitives Gefühl, eine Vorwegnahme, sozusagen ein Wille zur Wahrheit existieren, die sich mit dem Begriff der Zeit, welcher sich hier fälschlich aus der Sprache abhebt, kontrastieren! Ich kann mir ganz real die Problematik der Lüge und Wahrhaftigkeit überlegt haben und mich vielleicht entschlossen haben für die Seite der Wahrheit, aber diese fünfte Schichte geht sozusagen der bewussten Überlegung voraus! Es ist eine direkte Umlegung der Wahrnehmung in das Folgende, und für das Folgende muss ich als Erwachsener unter Umständen auch Verantwortung übernehmen! Aber andererseits kann ich hier sozusagen die Zeit analysieren, indem ich sie aktuell miterlebe unter Wahrnehmung der ganzen Situation, soweit sie für das Bewusstsein relevant ist! Ich muss schon sehr konzentriert, oder besser gesagt, aktiviert sein in diesem Bereich, um die Zeit sozusagen miterleben zu können als beinahe reine Form der Energie, für das Bewusstsein innerlich wahrnehmbar! Dann bin ich dem Fluch der Überlieferung, der Kontinuität der geistigen Tradition enthoben, kann die Gegenwart mehr oder weniger vollständig erleben, bin zugleich aber auch ausgesetzt, muss mich verhalten im Sinne von Handeln! Und wenn ich so etwas als Geschichte mit Inhalt wahrnehme, habe ich ein Transzendenzerlebnis!

Aber Transzendenz kann darüber hinaus auch andere Formen der Veränderung der gewohnten Wahrnehmung bedeuten, eine zeitliche Ausdehnung der Gegenwart, die Wahrnehmung von Abläufen gleichsam in Zeitlupe oder die Veränderung der Perspektive, eine äußerliche Wahrnehmung meiner selbst und der Umgebung und so fort. All diese Erlebnisse haben das Potenzial oder die Tendenz, dieselbe Wirkung hervorzubringen in unterschiedlicher Intensität oder ein Aufweis einer Verbundenheit der Existenz mit der Natur zu sein.

Wenn Philosophen auch solche Erlebnisse hatten, weshalb wird das dann nicht beschrieben oder eingebracht mit Ausnahme von Topoi wie den platonischen Ideen und dergleichen? Im Bewusstsein eines Philosophen ist das dann vorhanden, gehört zum Gesamten seiner Welt dazu, wie kann man rechtfertigen, einen wesentlichen Teil der Innenwelt mehr oder weniger dauerhaft zu leugnen? Wie kann ich zu argumentieren versuchen unter Ausblendung eines wesentlichen Teils meines Wissens? Wie kann ich etwa von Freiheit sprechen und damit die Gebundenheit an die Starre des negativen Systems meinen, wenn ich auch eine andere Anmutung von Freiheit erfahren habe? Wie lässt sich das rational im Sinne einer systematischen, logischen Argumentation als

Struktur der Kommunikation der Objektwelt verstehen? Gibt es einen Punkt, wo die Ratio der Objektwelt mit der Lüge der Negativität zusammenläuft, wo diese Systeme einander berühren oder zumindest beinahe? Nehmen wir einmal das Wort „möglich" und das Feld seines Bedeutungsgehalts! Unter der Perspektive der Existenz der Kultur kann ich in der rationalen Objektschicht sagen, das Nichts qua Natur des Bewusstseins ist Ermöglicher von allem. Und es lässt sich nicht leugnen, dass Möglichkeit bereits die Struktur der Zeit voraussetzt! Wenn ich aber das Hauptwort Möglichkeit verwende, wird damit ein Ding gesetzt, welches auch schon die Vergangenheit impliziert! Und Möglichkeit ist dem Gehalt nach eine implizite Negation von etwas Konkretem in der Vergangenheit! Ich könnte dann zum Beispiel konkret formulieren, Geist ist wesentlich die Möglichkeit einer Verzerrung in der Zeit oder Vorstellungen haftet der bloße Charakter der Möglichkeit an! Unbewusste Angst verbindet mit dem Terminus Möglichkeit der Vergangenheit! Und das Negative selbst kommt nicht über den bloßen Möglichkeitsstatus hinaus, existiert nur als reines Verstandesprodukt! Der oder die Ur-Negativen vor Millionen Jahren erkannten, dass ich mit dem Nichts alles umfassen kann, aber sie kamen nicht mit der Tatsache zurecht, dass eine Konkretisierung dann schon unter den Vorzeichen der Kultur stattfindet! Das Nichts bezieht sich scheinbar auf alles, aber die Kultur, die offenbar nicht so umfassend ausgedehnt ist, ist übergangslos in die Natur eingebettet und damit realer oder wirklicher als jede Möglichkeit, die sich kognitiv auf das Nichts zurückführen ließe! Der Umstand, dass man sich nur durch Lüge dagegen behaupten kann, der Normalität zu entsprechen, ist nicht nur vorläufig, sondern systematisch grundgelegt! Das Nichts kann eine warme, dunkle Geborgenheit ausstrahlen, die Möglichkeit nur eine schimmernde, schwarze Mattscheibe vermitteln! Kulturell Gültiges verfügt über einen Mehrheitsstatus auch in meinem Bewusstsein, aber daneben existiert auch meine Person als natürliches Wesen, als Individuum oder Subjekt, was ja häufig miteinander verwechselt wird! Subjekt und Kultur werden durch meinen persönlichen, guten Willen miteinander verbunden, der aber beinahe wesenhaft ist, weil er mein Leben oder Überlegen in der Kultur garantiert und in der Natur weit und breit keine Alternative dazu aufzufinden wäre! Ich muss die Kultur zu einem gewissen Grad akzeptieren, und dass ich das tue, basiert dem Ansatz nach auch auf meinem guten Willen! Die Negativität aber wäre an dieser Stelle eine Verneinung des guten Willens, welche, und das kann man angesichts einer einigermaßen verfestigten Kultur schon erkennen, nirgendwo hinführt!

Ein kleiner Exkurs! Das Wort alternativ, ein Kompositum aus dem Lateinischen, besteht aus den beiden Teilen „alter", der andere oder auch der zweite, und dem Stamm „nat-" wie in „natio, natus", also dem Wortfeld von Geburt. Alternative könnte man vom Wort her also übersetzen mit „zweite Geburt", was wiederum in der Mystik ein Terminus für ein Bewusstseinserlebnis sein kann, mit dem eine wesenhafte Veränderung einhergeht!

Und philosophische Autoren könnten, wie gesagt, auch irgendeine Art von mystischem Bewusstseinserlebnis gehabt haben, nur kommt es dann in der reflexiven Ansicht desselben zu Kontroversen: einerseits die natürliche Wirksamkeit, andererseits die kognitiven, theoretischen Erfordernisse der Negativität, welche eine ganze Weltsicht bewirken! Ein Philosoph hat also etwas erfahren, und zwar nicht nur den Missbrauch, er arbeitet aber entlang der Denkschablone der Negativität, welche solche Erfahrungen, welche die Natur im Bewusstsein bestärken, verzerrt oder schlichtweg leugnet, einfach nicht darstellt! Und die zweite Geburt, den Anfang des eigentlichen Lebens, stellt dann die negative Erfahrung dar! Und so wird kurzerhand ein bestimmter Ort im Nichts (!) ausgemacht und zum Zentrum der Negativität erkoren! Eine Leerstelle bildet das Zentrum der Negativität, Negativität konzentriert sich auf eine Leerstelle des Nichts!

Weshalb? Leere ist die genuine Qualität der Objektivität. Wenn ich mit etwas in der Welt nicht zufrieden bin, wenn mir etwas fehlt, könnte das mein Gemüt in einen Zustand der Leere versetzen, „mich zipft alles an"! Ich suche nach Ursachen, aber die Ursache ist nur eine Fehlstelle, eben das Fehlen von etwas, und dieses Etwas will mir nicht aus dem Kopf! Im negativen Kontext des Missbrauchs könnte man zu der Ansicht gelangen, dieser ziehe etwa eine Spur von einem fremden zu einem eigenen Kind! Ein Kind ist wohl ein großer Existenzinhalt, kommt gleich nach meinem eigenen Leben, und in gewisser Hinsicht ist dadurch schon eine Ausdehnung gerechtfertigt! Aber ich kann nicht die Natur außer Kraft setzen! Ich kann mein Denken ‚wie in der Kultur' nicht ausdehnen auf die Natur! Die Natur ist demnach feindlich, denn sie widersetzt sich der Erfüllung meiner Wünsche! Man könnte dann meinen, der Geist führe zur Idee, verneinte Wünsche durch Missbrauch auszudrücken! Im Wesentlichen geht es um eine gedankliche Vorstellung, um eine Auffassung einer Stelle im Nichts der Natur als Basis, als Boden meines momentanen Standpunkts! Wird das lediglich theoretisch vorgestellt, kann ich daran herummanipulieren, diese Vorstellung negativ missbrauchen, als Motiv für Was-auch-immer verwenden, ich darf nur nicht die tatsächliche Stelle der Natur treffen, auf der ich mich momentan befinde! Auch das lässt sich als Unterschied zwischen Theorie und Praxis apostrophieren, und die Theorie eröffnet die Möglichkeit zur Lüge! Mein Leben ist aber sozusagen praktisch fundiert, und dann erscheint der Missbrauch lediglich als lapidarer Vorgang im physischen Bereich, als physischer Vorgang ohne weitere Bedeutung! Nehme ich das Nichts als Realität, als etwas, das ich tatsächlich spüren und wahrnehmen kann in einem transzendenten Bewusstseinszustand, kann ich die Natur nicht leugnen und in weiterer Folge die Verbundenheit der gesamten Kultur mit der Natur! Nehme ich das Nichts nur als Teil einer Vorstellung, als theoretische Leerstelle, kann ich darauf Was-auch-immer errichten, als Mittel der Konstruktion bleibt mir dann aber nur die Lüge, und die ist keine kulturverträgliche Baustruktur! Weshalb? Weil ich allein keine Kultur schaffen kann, Kultur ist das Produkt von Kollektiven, Gemeinschaften! Nun denn, dann gründe ich eben eine Gemeinschaft der Negativen!

So ist das beim Irrationalen! Ausgang des Missbrauchs ist eine Falschzuschreibung von Ursachen, dann geht man im Kreis herum mit dem einzig verfügbaren Mittel der Lüge, aber immerhin, es ist sozusagen eine geschlossene Gesellschaft! Und dann versucht man Inkompatibles zu verfestigen, indem man die Sprache angreift, ihren Gehalt aufzuheben versucht! Inkompatibel kann zum Beispiel auch sein, auf einem verneinten Wunsch eine Realität errichten zu wollen! Das Inkompatible der dunklen Negativität hat eine eigene Realität, die aber nur theoretisch in der Vorstellung darstellbar erscheint! Die Ablehnung eines Wunsches wird im Verlauf der Zeit irgendwelche Folgewirkungen haben, aber das Nicht-Akzeptieren dessen und die Verdichtung dessen als eigenes Ding ist dann eben die negative Inkompatibilität, die nur durch Lüge kommuniziert werden kann! Und so kommt es zu dem seltsamen Phänomen, dass auch negativ Inkompatibles durch die Sprache zusammengehalten werden kann und auch durch die Sprache negativ wirksam wird! Und die Konsistenz der Sprache als Kulturelement ist mehrheitlich positiv, also natürlich fundiert! Die Negativität gibt also vor, Inkompatibles zu vereinbaren und zugleich kann das Wort negativ selbst so aufgefasst werden, dass Inkompatibles einander bedingt! Man geht also im Kreise, strukturell sozusagen, wird aber durch die notwendige Verwendung der Sprache als Kommunikationsmittel verwundbar, durch das paradigmatische Kulturelement schlechthin! Die Negativität wird zu einem sprachlichen Objekt, und die innere Gesetzmäßigkeit der Sprache zielt auf einen Ausgleich hin! Die Bedingung der Negativität besteht demnach in ihrem Ausgleich!

Die Lüge verleiht der Negativität jedoch zumindest relative Dauer, und wenn man die Kultur betrachtet, könnte man feststellen, dass auch diese schrittweise von der Lüge befallen erscheint! Aber dass die Kultur funktioniert, ist mehr oder weniger unbestritten und das führte auch zu einer Fortentwicklung der Verhältnisse in Bezug auf das ethische Empfinden mit der Demokratie als Status quo! Die Negativität passt dazu wie die berühmte Faust aufs Auge, angesichts der Kultur bettelt eine Negativer gleichsam geradezu um den Missbrauch! Weshalb? Weil der Missbrauch das reale Ding ist, um welches herum sich die Negativität aufmacht! Und die Negativität wird dann logischerweise zu einem Frontalangriff auf die Sprache, nimmt sich dabei aber seltsam verhalten aus, weil ihr nichts anderes übrigbleibt, als dieselbe Sprache auch zu verwenden!

Man könnte zum Missbrauch auch assoziieren, er ist die Idee einer Kontinuität von Personen. Die Sprache stellt auf jeden Fall auch eine Kontinuität von Personen dar! Die Negativität impliziert wesenhaft Brüche in Form von Lügen, Leerstellen oder Dissoziationen, wobei der fiktive Bruch zwischen Natur und Kultur durch Dinge verläuft, allgemein! Ein Ding ist ein Seiendes, und das Sein steht ja zur Disposition! Die Leerstelle als Inhalt des Irrationalen bezieht sich sowohl auf die Sprache als auch auf die objektive Realität, und zu beiden nimmt die Negativität eine schwebende, nur abstrakt oder emotional existierende Position ein! Der Boden, auf dem die Negativität steht, existiert also nicht oder besteht in der Erinnerung an ein oder mehrere längst vergangene Verbrechen! Die Negativität braucht die Vergangenheit wie einen Bissen Brot, und diese kommt sowohl in der Sprache als auch bei Dingen zum Ausdruck! Und die Vergangenheit über den Punkt der Gegenwart in die Zukunft gedreht, lässt in negativer Sicht dann wohl nur die Furcht vor dem Tod übrig! Man tut, könnte man ironisch sagen, einfach zu wenig, um dem entgegenzuwirken! Und man gesteht der Realität da draußen, auch der Summe der Mitmenschlichkeit, nicht die Kompetenz zu, vergangene Schieflagen auszuräumen, mit Bösem der Vergangenheit gerecht fertig zu werden! Es mag das ein Stück weit auch bewusste Absicht sein, Berechnung sozusagen, aber das ändert nichts an der Inkonsistenz der gesamten, negativen Haltung! Das Negative ist ein abgerissenes Tuch, das durch die Luft fliegt, und es findet seine Festigkeit nur durch Festhalten an einer unerwünschten Vergangenheit und deren Konkretisierung im Missbrauch! Man kann stolz darauf sein, im Zentrum eine Leerstelle oder Lüge zu haben, weil man dann objektiv auf einer Ebene mit dem sprachlichen Denken konkurrieren kann! Die Negativität versucht den Diebstahl oder den Abklatsch von Kulturelementen zu perfektionieren, bis sie vielleicht den normalen Standard erreicht, zumindest könnte das den Anschein erwecken! Ein Negativer, eine Person, muss sich aber der Abgerissenheit, der Inkonsistenz bewusst sein, er fühlt und spürt das! Die Motivation zu einem natürlichen Verhalten wird dadurch zusätzlich beeinträchtigt, und so bleibt nur die seltsame Leblosigkeit zurück, die sich dann in fantastischen Erzählungen von Vampiren und Untoten kundtut! Die Erinnerung an die Vergangenheit muss lebendig gehalten werden, und das bedeutet, dass man mit der durchschnittlichen Normalität nicht kompatibel sein kann! So haftet der Negativität auch ein Nimbus des Parasitischen an, Missbrauch soll unter anderem auch von der Grundhaltung des Parasitismus ablenken, und der Geist tendiert ohnehin in diese Richtung! Die Negativität befindet sich auf dem Status einer Chimäre, eines aus drei Tierkörperelementen zusammengesetzten Wesens, und sie bringt es beim besten Willen nicht zur potenziellen Weisheit einer Sphinx!

Das Wesen des Geistes, sein ständiger, unsteter Perspektivenwechsel, begünstigt die Haltung eines negativen Bewusstseins! Der Geist existiert, so weit ist das normal, und er springt von der Innen- zur Außenansicht, von der Realität zum Raum fiktiver Möglichkeiten, vom Anblick der Gegenwart zu aufbewahrter Vergangenheit! Der Geist begünstigt unter Umständen auch, meine eigene Wahrnehmung zu objektivieren, sie ein Stück weit als fremdverursacht aufzufassen! Ich kann mir im ethischen Sinn bei meinem

Handeln zusehen quasi als innere Kontrollfunktion, ich kann aber auch die Verantwortung für mein Handeln auf einen Perspektivwechsel schieben, und die Existenz des Geistes könnte als Ausrede dafür hergenommen werden! Wird das Ich mit etwas Unangenehmen verbunden, besteht eine zusätzliche Motivation, andere Stellen als Ablage für meine eigene Innenwelt zu suchen, dem Drängen des Geistes sozusagen nachzugeben und andere auch tatsächlich verantwortlich zu machen für das, was mir innerlich vielleicht widerfahren sein könnte! Es geht dabei aber nicht um ein Festmachen der Realität an Realem, sondern um eine seltsame Abgehobenheit oder ein Aufgehobensein in einem Denkraum, welcher die Möglichkeit als Realität beansprucht! Ich möchte nichts dazu beitragen, die Vergangenheit geradezubiegen oder gar richtigzustellen, ich möchte überhaupt nichts tun im ethischen Sinn, aber ich räume der Möglichkeit und der Zeit den Primat und die Verfügungskompetenz ein, doch noch für eine richtige Wirklichkeit zu sorgen! Ich misstraue der Welt, oder ich kann das nicht, oder ich möchte mich nicht in so eine Richtung bewegen, aber ich weiß oder ich räume zumindest dem Gedanken Substanz ein, dass die Natur und damit auch die Ethik, das allgemeine, lebensbejahende Verhalten langfristig doch dominiert, sofern nicht durch einen destruktiven Unfall das Ganze mit den inzwischen existierenden Mitteln zerstört wird! Ich möchte mein eigenen Leben behalten, ich bin kein Selbstmörder, ich möchte es nicht beenden, wenn es auch noch so dürr und blutleer daherkommt! Aber ich bin unter Umständen dazu bereit, das Leben eines anderen zu beenden oder zu opfern, um dadurch auf die Brisanz oder Stringenz meiner, unserer Inhalte aufmerksam zu machen!

Man könnte die Negativität vom Ansatz her als aktives Einfordern von Rezeptivem charakterisieren mit dem doch etwas kindlichen Anspruch, dass sich das Rezeptive irgendwann einmal als „Alles gut!" präsentiert! Aber von diesem fiktiven Standpunkt der Objektivierung der eigenen Wahrnehmung aus bleibt gar nicht viel anderes übrig als den inneren Emotionen nachzugeben, zumal ja ursprünglich eine Leiche im Keller verborgen lag! Das Ding der Negativität scheint daraufhin konstruiert, anderen zu schaden! Man versucht die Sprache als Kommunikationsinstrument zu desavouieren, man integriert verschiedene Strukturen der realen Welt in das Spielfeld negativer Machenschaften und konzentriert sich unter Umständen auf den Ausdruck Person als innere Verbundenheit eines Menschen mit der Sprache, welche sich im Allgemeinen in einem akzeptablen Rahmen bewegen muss! Die Negativität kann auch eine Person zu ihrem Feindbild machen einfach deshalb, weil das Wort die diversen realen Brüche der Negativität im Allgemeinen nicht inkludiert! Ich kann einer Person mit Absicht die Lügenhaftigkeit anhängen, das nennt man dann Verrat!

Ein mit dem Ding der Negativität belasteter Mensch hat auch ein Naheverhältnis zum Wort Schuld, insgeheim natürlich! Und man kennt auch die eigenen Inhalte! Die

Negativität ist sich ihrer unverschämten Nacktheit durchaus bewusst, und sie lacht über die Kultur, die sich darüber auch noch zum Schweigen verpflichtet! Die kulturell so überfrachtete Erkenntnis bezieht sich hier auf die Inkonsistenz des Negativen, im Letzten auf eine Position, die es gar nicht geben kann! Negativität kann sich selbst im Inneren niemals genügen, sie braucht die Zeit, um überhaupt den Bestand des Wortes zu sichern! Weiß sich jemand von der Negativität getroffen, versagen ihm die Knie, weil er die Nicht-Greifbarkeit des Standpunkts sofort intuitiv erkennt! Wie will oder soll man sich gegen etwas zur Wehr setzen, das gar nicht existiert? Oder sollte auch das nur Einbildung sein? Ein Opfer der Negativität ist sich seiner Ohnmacht bewusst, aber es geht hier mehr um die Täter! Die Negativität überträgt Blutleere und Hoffnungslosigkeit, der Kampf eines Negativen verläuft jedoch in erster Linie gegen seinen eigenen Körper, richtet sich letztlich ausschließlich gegen sich selbst! Ein potenzielles Opfer wäre dann nur eine Marginalität, eine Randerscheinung! Die Negativität muss paradoxerweise letztendlich selber eine Befreiung vom Missbrauch anstreben, aber dahin führen sollen andere, vorzüglich Opfer, und die Mechanismen dieser alten Kulthandlungen führen in die Vorzeit zurück! Niemand kann nur dem Anschein oder der Vermutung nach negativ sein! Man muss dieses Ding irgendwie zum Ausdruck bringen, aber die Negativität entzieht dem eigenen Organismus seine Lebenskraft, ist wie ein Parasit in mir selbst, der unmerklich an meinem Herzen nagt! Die Negativität hat keine Kompetenz, das Sein einzuholen, auch oder vor allem nicht das des Täters! Aber sie greift die Sprache insgesamt an, vergiftet dem Einzelnen das Allgemeine!

Ich oder Sein, Sein oder Schein, Sein oder Nichtsein? Wie soll sich ein Negativer verfestigen, wo soll er Halt finden in diesem theoretischen Raum der Beobachtung und der Wahrheit? Und die negative Moral befürchtet sozusagen Beobachtung statt Wahrnehmung, ist bereit, die Kompetenz der eigenen Wahrnehmung abzutreten! Das negative Ding kontaminiert die Sprache und die Welt, schafft eine Doppelstruktur der Realität, aber die negative Seite muss vertreten werden, es geht um den Endzweck! Eine kontaminierte Sprache schafft Unsicherheit, und ich möchte als Negativer, dass das so ist! Aber die Sprache bestimmt auch die Welt und ist mit dem Unbewussten verbunden, mit Emotionen des Stolzes und der Angst! Angst ist, wie man sagt, kein guter Ratgeber, und die Negativität ist ein Stück weit auch ein Spiel mit existenzieller Angst! Aber ein Spiel wie viele andere auch, das glaubt, sich auf den Objektbereich beschränken zu können und den Transzendenzbereich scheinbar völlig außer Acht lässt! Wie kann ich überhaupt auf die Idee verfallen, ein Spiel spielen zu wollen ohne Einbeziehung anderer Menschen als Individuen, also auf gleichberechtigter Ebene? Die Realität rächt sich, auch auf der Ebene der Ethik und Gerechtigkeit! Dinge kann ich beeinflussen, auf Menschen muss ich Rücksicht nehmen, so ist das nun mal mit der strukturellen Verfasstheit des Menschseins! Und hinter anderen steht die Natur, übrigens genau wie letztlich hinter Dingen auch! Der Geist möchte sich von der Natur abwenden, zugestanden, und das ist auch das Problem mit der Negativität, die eine spezifische Fortführung des Geistes in einen fiktiven Raum der Realität darstellt! Die aufgeworfene Problematik ist hauptsächlich eine Problematik der Innenwelt, also des Bewusstseins auf Täterseite!

Die Angst des Negativen möchte sich hinter einem Kollektiv verstecken! Wenn ich die Kompetenz von fast allem an ein Ding abtrete, dessen Konsistenz mehr als nur fragwürdig erscheint, dann kann ich auch meine Emotionen auszulagern versuchen, langfristig im Verlauf der Bewusstseinswahrnehmung sogar die unbewussten, auf die Sprache als Kollektiv bezogenen! Meine Kanonen sind auf die Sprache gerichtet, aber insgeheim erwarte ich mir, erhoffe ich von dort die Lösung meiner Probleme! Aber mit der Sprache ist es wie mit der gesamten Kultur, im Inneren trifft das Kollektiv auf meine Natur, auf mein Persönliches, mein Vorbewusstes und Unterbewusstes und so fort! Kollektiv trifft auf Einzelperson in mir selbst, und die Einzelperson bin ich selbst! Und ich muss im gesamten Verlauf meiner kulturbezogenen Handlungen in gewisser Weise in der Lage sein, dafür auch die Verantwortung zu übernehmen! Ich muss also in gewisser Weise eine verantwortbare oder verantwortliche Sprache haben, und wie soll ich das anstellen, wenn die Sprache als rotes Tuch, als Zielobjekt der Emotionen des negativen Dinges erscheint? Da müsste es mich doch selbst zerreißen, gäbe es da nicht eine Leerstelle, einen

Zwischenraum des Inkompatiblen! Also ist es nur eine Frage, auf welcher Seite ich stehe! Auf der richtigen, jedenfalls!

Es scheint sich ein wenig wie mit der Zeit zu verhalten, diese wird zu objektiven Systemantiken dazu gedacht! Das substanzlose, negative Ding wird ebenfalls zur Realität dazu gedacht, und der jeweilige konkrete Inhalt der Zeit könnte darüber hinaus zu negativen Systemen inspirieren! Dabei besteht die Drohung der Zeit in der Unendlichkeit des Negativen!

Eine Existenz kann von der Negativität beeinflusst sein, aber das ist in erster Linie die Existenz des Negativen selbst! Ein einigermaßen „gesunder" Menschenverstand möchte es dann aber wahrscheinlich nicht dabei bewenden lassen, und so wird die negative Ausrichtung der Negativität auch ein Stück weit verständlich! Die Negativität besteht sozusagen im *Prinzip*, anderen zu schaden! Und sie tut das im Hinblick auf die Sprache, auf die Welt und gegebenenfalls auch auf Personen, soweit sie dazu mit ihrer Substanzlosigkeit eben imstande ist! Verrat ist die negative Sprachbetrachtung einer Person. Das theoretische „Sein des Seienden" ist eine Sprachbestimmung einer Person, und wenn weiters man in Betracht zieht, dass der Missbrauchsakt willkürlich bestimmt ist zur Schädigung der Sprache allgemein, dann lässt sich das auch auf das Ziel bestimmter Personen ausrichten! Ist man Opfer eines solchen Systems, könnte man wohl sagen: Würde ich das, was man mir vormacht, vorzeigt, wäre ich negativ!

Unter diesem Aspekt ist die Negativität eine potenziell vielgestaltige Auslagerung, eine Kompetenzabtretung, um etwas Unerwünschtes irgendwie aus sich selbst hinauszubekommen! Und es scheint, als könnte jeder Teilbereich des Menschseins davon betroffen sein, geplant oder beiläufig! Inwieweit die Negativität Auswirkungen in der Kultur unterbringen konnte, Spuren hinterlassen hat etwa auf dem Gebiet der Intimität, wäre hier müßig zu diskutieren! Sie ist erkennbar unlogisch, irrational und macht das sogar zu ihrem Identifikationsmerkmal! In Bezug auf die Sprache könnte man anmerken, die Negativität hat sich ihr eigenes Urteil gesprochen! In der Praxis liegen die Dinge jedoch noch nicht so offen zutage, dass die Negativität allein durch die natürliche Vernunft entkräftet werden kann!

Aber vielleicht sollte ich doch noch einmal versuchen, auf die Wörter Zeit und Geist einzugehen, sobald ich dazukomme! Ich verspreche es!

Herzliche Grüße,

Erich

08. Dezember 2023

Liebe Mikaela,

ich habe schon öfters über die Begriffe Zeit, Dauer und Geist fantasiert, hier geht es nur noch darum, zu zeigen, wie diese Dinge zu zentralen, konventionellen Inhalten der Negativität werden konnten, ohne ihnen ebendiese konventionelle Funktion absprechen oder gar streitig machen zu können!

Über die Zeit sprachlich zu fantasieren ist gar nicht so einfach, weil man da mitten in diese brisante Thematik der Verhältnisse des Einzelnen zum Kollektiv hineinkommt und leicht in Versuchung gerät seine eigene Position aufzugeben zugunsten – ja, was eigentlich? Zugunsten kollektiver Vorstellungen etwa? Jedenfalls müsste man schon einigermaßen innerlich gefestigt sein, um diesen flüchtigen Inhalt irgendwo am Zipfel zu erwischen! Und ich bin wahrscheinlich nicht das perfekte Modell einer innerlichen Menschenstruktur! Aber ich arbeite daran!

Im Zen-Buddhismus gibt es ein Koan, einen rätselhaften Inhalt, dessen Thematik um die Lösung der Frage kreist, wie man sich ein Klatschen mit nur einer Hand vorzustellen hätte? Physisch ist das wohl nicht so einfach, aber dann gibt es ja auch noch den Übergang zur Theorie, zum Denkraum des Bewusstseins! Und mit diesem Inhalt scheint, und das ist nur meine jetzige Interpretation, darauf verwiesen zu werden, dass im theoretischen Raum auch etwas entstehen kann, das in der Natur, in der Praxis keine direkte Entsprechung hat! Hier geht es nicht um Spiritualität, aber ich wende das kurzerhand einfach mal auf eine potenzielle Entstehung der Struktur Zeit an! Es entsteht Schall, wo den Worten, der Sprache nach keiner entstehen kann oder könnte! Wenn man sich kollektiv, also konventionell darauf einigt, kommt es eben zu diesem konventionellen Ergebnis! Und das muss gar nicht als Auswirkung der dunklen Negativität aufgefasst werden, zumindest nicht mehrheitlich! Mit einer Hand klatschen ist Konstruieren eines Gegensatzes, und die Zeit stellt dann über die Sprache in gewisser Hinsicht einen Gegensatz zur Natur dar!

Die Zeit ist also eine kollektiv sanktionierte Struktur, welche der Fantasie breitesten Raum einräumt, deren Inhalte von Gefühlen über Emotionen zu Sachinhalten und von dort wieder zu Beziehungen zur Sprache, zu anderen Menschen und selbst zur Natur reichen, das Wörtchen ich selbstverständlich nicht ausgenommen! In einem persönlichen Bewusstsein kann es dann schon zu Verknotungen der Fäden kommen, wenn man die Wirren eines Alltags, eines Lebensabschnitts objektivieren möchte! Ich kann mich nicht so genau erinnern, ich weiß nicht einmal mehr, was vorher oder nachher war! Aber die Zeit selbst ist objektiv und sie ist wohl die mathematisch-physikalische Grundgröße, die am wenigsten in Frage gestellt werden kann, weil sich alle anderen Größen formelhaft darauf zurückführen lassen!

Ein Übergang von der Praxis zur Theorie, von der Natur zum Denken stellt also die abstrakte Grundgröße der Menschheit dar! Kein Wunder, dass das auch die Anmutung von Magischem, unter Umständen Zauberhaftem hervorruft! Das Kollektiv der Menschheit hat sich verständigt, eine Entität am Übergang von der Natur zur Kultur zu verselbständigen und zu einer Skala für die Inhalte des Bewusstseins zu bestimmen! Die Zeit ist dann so vielgestaltig wie die Menschheit selbst, nämlich als Summe aller lebenden und jemals gelebt habenden Menschen! Dadurch wird einerseits eine Egalität zwischen den Menschen hergestellt, rein abstrakt, wohlgemerkt und andererseits wird es dem einzelnen Menschen sehr schwer gemacht, den Begriff der Zeit genau zu treffen, weil das ja gleichsam schon der Definition nach bei jedem anders ist! Brauche ich dann die Zeit überhaupt, wenn damit eine inhaltliche Uneinheitlichkeit dargestellt wird?

Was ist die Zeit im Kern anderes als der jeweilige Augenblick, oder besser etwas dem Augenblick abstrakt Hinzugefügtes? Kann ich dem in meinem Bewusstsein, in meiner Wahrnehmung auf den Grund gehen? Und weshalb sollte ich das tun oder versuchen? Erlaubt es das Verhältnis von mir zu den kulturellen Kollektiven, an der Grundlage der Zeit in meinem Bewusstsein etwas zu verändern? Und dann noch die Leerstelle der dunklen Negativität: Wie sieht es damit aus, muss ich diese etwa auch berücksichtigen? Das Missverständnis des

Missbrauchs ist, Leben besitzen zu können! Aber das Wort Besitz erschöpft sich nicht mit der dunklen Negativität, hat objektiv weitreichende, konventionelle Bedeutung! Der Begriff Besitz ist eine Art Hybrid aus Zeit- und Objektbewusstsein, eine zeitliche Verschiebung von „ich" zu „mein", eine Verzauberung der Zeit zur Dauer! Aber das ist allgemein akzeptiert, ich könnte etwas überzogen behaupten, die Substanz meines inneren Zeitgerüsts, meine persönliche Ausgestaltung der Vorgabe „Zeit" ist in gewisser Hinsicht auch eine Internalisierung der Kognition Eigentum, und wo bleibt diese Grundbedingung der Existenz, wenn ich die Zeit aufgelöst habe?

Und dann ist die Zeit auch nicht alleine unterwegs, sie hat sich abgesichert, sie ist gewissermaßen die Herrin des Knechtes Geist! Ich könnte hier den zweiten Übergang im menschlichen Bewusstsein apostrophieren, die Spannung Einzelner - Kollektiv bezüglich Besitz führt zum Geist! Was war früher, die Zeit oder der Geist? Schwierig zu sagen bei derart abstrakten Entitäten! Der Geist erscheint mehr als praktischer, die Zeit als theoretischer Anteil desselben Bewusstseinsinhalts! Der Mensch wird sich seiner Kultur bewusst und versucht einen eigenen Ausdruck dafür zu finden! Aber objektiv betrachtet erscheint dieser Ausdruck überflüssig, weil die Verbindung zur Natur ja in keiner Weise unterbrochen oder gar durchbrochen werden kann! Mit der Zeit beginnt sozusagen die Skala des Menschlichen, und der Geist ist der praktisch Ausführende! Da die Zeit als Begriff existiert, hält der Geist das Verhältnis Einzelner - Kollektiv unerledigt, tut alles, um es in Schwebe zu halten! Der Geist schießt immer knapp am Ziel vorbei und hält im Dunkeln, dass seine Existenz davon abhängt! In Summe kommt es durch den Geist zu einer Verschiebung zwischen Theorie und Realität jeweils spezifisch in einem persönlichen Bewusstsein! Ein kollektiver Geist würde den dabei entstehenden Nebel potenzieren und wäre somit erster Faktor der Unsicherheit! Und darüber hinaus wäre ein kollektiver Geist feindlich zu persönlicher Freiheit, weil diese letztlich ein Durchschimmern der Natur in der Kultur bedeutet! Freiheit ist ein Terminus, der das Selbst des Menschen bezeichnet, das tatsächliche Selbst, nicht das Ego, das Selbst als basale Stufe der Natur zum jeweils konkreten Menschen hin. Freiheit könnte sich nicht gegen die verbindende Funktion der Natur in den Strukturen der menschlichen Kultur wenden! Freiheit führt ebenso zu anderen Menschen und der Natur wie zu mir selbst! Unter diesem Aspekt ließe sich wiederum ein Teil der Definition des Geistes formulieren als nicht zutreffende Auffassung des Kollektivs!

Es widerstrebt einem ein wenig, den Geist in dunkle Flüssigkeit einzutunken, gerade angesichts der hochgepriesenen Kulturerrungenschaften im Verlauf der Neuzeit! Und meiner Meinung nach verdient er das auch nicht unbedingt, er scheint nur ein Ding zu sein, das nicht zu hundert Prozent notwendig ist und unter Umständen auch für tatsächlich dunkle Machenschaften herangezogen werden könnte! Wer kann schon eine exakte Grenze ziehen zwischen dem Geist und der dunklen Negativität und dann andererseits wieder der Zeit? Jeder Mensch hat einen Geist, aber nicht jeder versteht sich als Negativer! Die Funktion des Geistes scheint, wie früher erwähnt, zu sein, eine Art Polster zwischen der Natur und der Kultur darzustellen, einen Zwischenraum, an dem sich die gedachten Blöcke gegeneinander verschieben lassen! Natürlich kann das der Geist eines Einzelnen nicht alleine bewerkstelligen, aber ein solches Bild ist ja im Bewusstsein eines Einzelnen lokalisiert, die Auslagerung auf die Welt hin würde dann schon eine irreale Kollektivierung darstellen! Jedenfalls ist der Mensch objektiv näher mit der Natur vereint, als der Geist eingestehen würde! Und wenn ich meinem Bewusstsein einmal tatsächlich auf den Grund gehen möchte, erweist sich der Geist als zunehmend hinderlich, als lästig, entbehrlich! Aber Geist und Zeit sind verbunden, das eine gibt es sozusagen nicht ohne das andere, und um den Geist aufzulösen, muss ich die Zeit treffen! Und möchte man den Geist dann entstehungsgeschichtlich, gleichsam archäologisch auffassen, kommt etwa noch das schillernde Feld der Magie hinzu! In der grauen Vorzeit brachte Magie wahrscheinlich etwas Abwechslung in den grauen Alltag, und es ließe sich dann feststellen, das Magische diene dem Geist als Begründung des Leugnens der Natur! Weshalb? Weil das Magische der Lüge Gewicht verleiht gegenüber der Natur! Und es bewerkstelligt das bekanntlich, indem es die Aufmerksamkeit auf Abläufe der Zeit konterkariert!

Aber auch der Geist hat so seine Tricks, ein wenig gröbere vielleicht als die Zeit, aber um nichts weniger wirksame! Er verbündet sich etwa heimtückisch mit dem Unbewussten und schafft es dadurch letztlich, sich mittels Haken an irgendwelchen Punkten der Realität im Bewusstsein zu verankern! Der Geist hat keine Substanz, aber er vermittelt unreflektiert den Eindruck eines Seil- oder Netzgerüstes, das der inneren Bewusstseinsstruktur zusätzliche Festigkeit verleiht! Und es ist noch dazu flexibel, was im Alltag keinen Nachteil darstellt! Der Geist geht ursprünglich von der Sprache aus, beruft sich auf ein nicht nachvollziehbares Kollektiv, stellt dann auf Mattscheibe und spiegelt die Realität an der persönlichen Sprache, wobei sich der Spiegel zauberhaft sowohl nach außen als auch nach innen richtet! Ich selbst bin vom Spiegel meines Geistes auch betroffen, meine Sprache wird möglicherweise davon beeinflusst! Stelle ich mir den Bewusstseinsraum oberhalb der Sprache als feinstoffliche Verbindung zu anderen Menschen und der Natur vor, dann möchte der Geist es gar nicht so weit kommen lassen, er unterdrückt bereits die verbindende Funktion der Sprache quasi als Widerhall der Natur! Der Geist selbst bringt es kaum auf ein physikalisches Gewicht, aber er kann innerhalb des Bewusstseins offenbar eine doch erkennbare Unterdrückungsfunktion ausüben! Er nivelliert die Sprache, lässt den Gedanken an eine sprachimmanente Gerechtigkeit möglichst gar nicht aufkommen! Und das gelingt ihm mittels des

Unbewussten, kollektiver Emotionen in Bezug auf die Sprache als Kulturinstrument! Wie schon öfters proponiert, lassen sich hier vor allem die Emotionen Angst und Stolz erkennen, die durch die Zuschreibung kollektiver Funktionen mehr oder weniger unbewusst bleiben. Und der Geist geht dann noch ein Stückchen weiter, versteht sich als eine Art Mechanismus, welcher Terror auslöst!

Was bedeutet Unbewusstes eigentlich? Es scheint eine Art Hinweis oder eine mehr oder weniger persönliche Ausrede des Bewusstseins zu sein, dass man Kollektives aufnimmt, dass man sich Allgemeines aneignet! Beim Unbewussten selbst handelt es sich demnach ebenfalls um vermutet Kollektives! Die Kultur ist kollektiv, größtenteils anonym kollektiv, und eine solche Haltung ist oder wäre demnach sozusagen ganz normal, aber eben nicht ganz natürlich! Das Unbewusste ist ein weggeschlossenes Stück Nebel, dessen Anmutung doch irgendwie stets präsent ist! Jedenfalls entzieht es sich persönlicher Verfügungskompetenz, was ja auch der Name schon ausdrückt! Aber andererseits beansprucht der Geist als Verbündeter, mit der Angst beinahe aktiv umgehen zu können, sodass dem Stolz als unbewusstem Blick in die Vergangenheit noch die Funktion bleibt, vor einem möglichen, vielleicht unausgesprochenen Fluch gegen die Sprache zu immunisieren! Unangenehm, brisant irgendwie, sowohl Angst als auch Stolz, aber vom Unbewussten scheint man sich erst im Tod befreien zu können! Wie sollte man auch Zugang finden in diese eisenbewehrte Kammer? Der Tod befreit die Sprache von unbewussten Emotionen!

Andererseits existiert aber auch der Begriff eines Nichts, der Natur unter dem Aspekt des Verstandes, und dieses Nichts existiert selbstverständlich auch während des Lebens, ist Teil des Lebens und zwar unbeeinträchtigt von kulturellen Spuren, ganz zu schweigen vom Geist und dem Unbewussten! Die postulierte Leerstelle der Negativität ist eine Projektion auf dieses Nichts hin, aber sie ist nicht Teil dieses Nichts, sie existiert nicht tatsächlich! Sie ist eben nur eine Lüge, deren Inhalt nicht bekannt ist und die sich als Teil der Realität herausstellen würde, wenn der Inhalt offenläge! Hier werden also Leben und Tod zusammengeführt, scheinbar vertäut vom Netzwerk des Geistes, und die tatsächliche Konstellation der beiden Begriffe zueinander bleibt dabei offen, wird nicht einmal berührt! Die Mystik führt dann die Phrase „Tod im oder während des Lebens" ein, verweist damit auf ein Verwischen der zeitlichen Abgrenzbarkeit, darüber hinaus aber auf ein zeitgleiches Existieren dieser gegensätzlichen Begriffe in einem Bewusstsein! Von der einen Seite ließe sich sagen, das Nichts existiert im Leben ohne Unbewusstes oder Geist, und die andere Seite ist eben die alltägliche Realität eines menschlichen Bewusstseins, gemittelt sozusagen, und lässt sich als solche wohl nur schwierig durchbrechen! Und es muss hier nicht noch einmal auf den Ausdruck Schuld hingewiesen werden, der wohl einen internen Hauptinhalt der dunklen Negativität darstellt! Es wäre an sich ganz leicht, ganz einfach – *die unerträgliche Leichtigkeit des Seins* –, sich auf die natürliche Konsistenz des Bewusstseins zu beschränken und den Geist abzustoßen wie einen alten, ohnedies schon etwas brüchigen Lack, nur müsste das in einem Augenblick geschehen, denn das Unbewusste löst sich dabei ebenfalls auf! Und Geist ohne Zeit geht nicht, wodurch der Begriff „absolut" noch einmal die Ehre erhält: Absolut ist das erste Bewusstwerden der Auflösung der Zeit!

Also noch einmal, wie könnte ich es mir vorstellen, die Zeit in meinem Bewusstsein auflösen zu wollen? Oder anders, aber etwas konkreter gefragt, wie kann ich meine Sprache von der Zeit befreien? Die Zeit ist etwas Hinzugefügtes, wurde konstatiert, ihre Substanz wird gleichsam von den Worten abgesondert, verselbständigt sich und verkrustet. Eisen wird von Schlacke befreit, die Zeit wird der Sprache als Anmutung beigegeben und über die Sprache hinaus dann der gesamten Kultur! Nehmen wir zum Beispiel das Wörtchen ich als Repräsentanten der Sprache, meiner persönlichen Sprache, als Richtung der kollektiven Sprache auf mich selbst hin! Das Verhältnis des Ichs zu seinem Körper ist das Nichts, wenn die Zeit fehlt. Das Nichts wäre dann sozusagen reiner Verstand! Der Unterschied zwischen Ich und Sprache wiederum lässt sich als Selbst erkennen! Und die Zeit als Skala, die vorgeblich das Leben normiert, wäre dann auch die konventionelle Haupteigenschaft des Selbst! Man könnte etwas pathetisch formulieren, die Zeit ist die ewige Latte, an der wir unser Leben messen und bildet somit den eigentlich kulturellen Gegensatz zur Natur als Ausdruck des kulturbildenden, anonymen Kollektivs! Sie hob den Menschen bisher aus seinem natürlichen Kreislauf heraus, eröffnete die Grundlage für die Anmutung des Künstlichen und stellte andererseits auch die feste Motivation und den Kern des Geistes dar! Aber sie verfälscht etwas aufgrund des Status als Konvention, einer Art Gemittelt-Sein, welche die Natur im Augenblick nicht unbeeinträchtigt durchkommen lässt, schon beinahe die Wahrnehmung zu verzerren scheint! Aber die Zeit ist etwas Kognitives, Abstraktes, und die Wahrnehmung bleibt immer natürlich! Ein Mensch könnte sich entspannt zurücklehnen, er besteht aus Natur und Kultur und könnte es so sein lassen! Doch die Zeit hat auch etwas Mysteriöses, etwas Zaubrisches, und die Zauberei bildet unter einem dunklen Aspekt wohl die Spitze negativer Leblosigkeit! Auch gegenüber der Zauberei kann man auf die Natur vertrauen, aber das ist im Alltag nicht immer ganz so einfach! Wenn sich ein Mensch mit der Gruppe, mit einem Kollektiv identifiziert, besteht offenbar ein Bedürfnis nach der Abstraktion Zeit im Bewusstsein! Und persönlich, sogar manchmal subjektiv werde ich unter Umständen von der Zeit behindert, verpasse ich die Kurve, weil ich mich nach der Uhrzeit oder dem Kalender zu richten habe! Etwas feiner ausgedrückt, ich könnte irgendwann auch das Bedürfnis nach unverfälschter Wahrnehmung verspüren und das vielleicht sogar auf das Zielobjekt Existenz hingerichtet, ich möchte wirklich leben und nicht mehr nur real, und das verbunden mit dem Bewusstsein, dass die natürliche Zeit genauer sein muss als die konventionelle! Es gibt keine absolute Grenze zwischen der Natur und der Kultur und letztlich hat sogar die Zeit etwas Natürliches an sich, ich vermische das nur in meinem Bewusstsein irgendwie, bin geneigt, das Kollektiv für mich selbst zu nehmen, was wiederum einen Hauptinhalt des Geistes darstellt! Zeit und Geist! Man muss die Zeit bewusst erleben, um sie aufgeben zu können! Zugegeben, sie hat etwas Sphinxartiges, ist wie eine Chiffre, das Rätsel eines menschlichen Lebens! Das geht mich an, die Zeit ist unter anderem auch meine persönliche Aufgabe und ich muss den Grad meiner Bewusstheit etwas anheben, um das mitverfolgen zu können! Eine Aktivierung der Seele wäre hier gefragt, denn die Zeit ist, wie früher schon angedeutet, eine Ersatzprojektion an den Ort der Ethik! Die Zeit sollte das Sein ersetzen, aber sie kann diese Anforderung einfach nicht erfüllen! In diesen Bereichen hat sie stattdessen etwas Glühendes an sich, eine Schlinge, die innerliche Verbrennungen hinterlässt! Solange Missbrauch existiert, kann die Zeit durchaus auch gefährlich sein! Ich müsste bereit sein, die Sprache als etwas letztlich auch Natürliches zu akzeptieren, dem man sich auch anvertrauen kann, ich müsste bereit sein, das Kollektiv der Sprache gleichsam auf mich zu nehmen, wenn ich der Zeit auf den Grund gehen möchte! Ich müsste irgendwie zu einer Übereinstimmung meiner persönlichen Sprache mit der Realität finden als augenblickliches Moment der unbeeinträchtigten Wahrnehmung der Natur, was selbstverständlich auch andere Menschen und sogar die

Kultur miteinschließen würde! Alles würde sich in einem Augenblick als Ausdruck der Natur darstellen, und die Zeit selbst würde ein erhöhtes Energieniveau der Wahrnehmung bewirken! Die Seele würde leuchten und –

Aber gibt es Voraussetzungen für die Auflösung der Zeit? Eigentlich müsste nur das Unbewusste außer Kraft gesetzt werden, denn mit dem Bewusstsein kann ich ja besser operieren! Die Furcht vor der Zukunft kann neutralisiert werden durch das Akzeptieren des ethischen Ausgleichs, und dann bliebe noch der Terminus Tod, welcher akzeptiert werden müsste, die Akzeptanz des Todes erscheint auch als Voraussetzung für das Ende der Zeit! Andererseits wird im Aufgeben der Zeit auch die Vergangenheit außer Kraft gesetzt, ich würde den Stolz als unterschwellig grundlegende Verbindung zum kulturellen Kollektiv verlieren, und dazu müsste ich ebenfalls bereit sein! Damit ist selbstverständlich nicht der persönliche Stolz gemeint, der sich gegebenenfalls auf persönliche Errungenschaften bezieht, sondern jener mit Angst vermischte Stolz, welcher die Überlegenheit des Menschen über die restliche Natur signalisiert, ein Stolz als Beigabe der Kultur, welcher wohl hauptsächlich mit dem Erwerb der Sprache aufgenommen wird. Angst und Stolz als kulturbezogene Inhalte des Unbewussten, diese Emotionen müsste ich aus meinem Bewusstsein zu entfernen bereit sein, wenn ich die Zeit auflösen möchte!

Und was hat das Ganze mit der dunklen Negativität zu tun? Man müsste hier eben sehr fein unterscheiden, und diese Unterscheidung alleine erfordert schon Energie! Eine menschliche Wahrnehmung schließt bisher immer schon die Lüge der Kultur mit ein, aber diese Lüge besteht wesentlich in ihrem Gemittelt-Sein, sozusagen im Durchschnitt der Konvention, der den einzelnen Ausprägungen der Realität ebenso wie auch der Natur nicht ganz gerecht werden kann! Hier treffe ich als natürliche Person, als Einzelwesen mit der Kollektivität der Kultur zusammen, und das ist im Wesentlichen noch kein Anlass für Krieg! Aber die dunkle Negativität fügt auch an dieser Stelle ihren beinahe schillernden Inhalt der Leerstelle ein, der dann auf die Sprache bezogen selbstverständlich in die Breite tendiert! So eine Leerstelle richtig platziert, kann ich im Prinzip jeden Inhalt der Kultur erreichen und obendrein auch noch Menschen als Träger dieser Kultur! Dabei ist die Lüge, der Inhalt der Leerstelle, die Verneinung der Anlage zur Gemeinschaftlichkeit! Hier gelingt es auf scheinbar rätselhafte, jedenfalls aber fragwürdige Art, mit einem gegenläufigen Inhalt eine Wirkung zu erzielen, eine beinahe schon konsistent anmutende Wirkung! Bin ich nun von einer gesetzten Lüge betroffen, wurde ich gleichsam mit einer Leerstelle auf den Kopf geschlagen und es liegt schon ein Hauptanteil bei mir selbst, einer solchen Konstellation auch Ratio zu verleihen oder zuzuschreiben! Auf der anderen Seite drückt sich die Beinahe-Konsistenz in Dauerhaftigkeit aus und in der Bereitschaft, die Möglichkeit der Lüge immer wieder mit konkretem Inhalt zu füllen als Stellvertreter für den ursprünglich konkreten Inhalt, der eben nicht zu Tage liegt! Bin ich von so einem System betroffen, und ich kann das auch aus eigener Erfahrung sagen, dann musste ich im Vorhinein in gewisser Hinsicht auch Kenntnis der Spielregeln haben und insofern auch ein Stück weit bewusst den Schritt in diese Konstellation hinein vollzogen haben! Und wenn das System dann permanent ist, begegnet dem äußeren Tun auch in meinem Inneren etwas in irgendeiner Hinsicht Korrespondierendes, meist aber wohl unterbewusst! Wird mir das dann bewusst, dann liegt es also an mir, die Situation zu verändern oder zu wandeln, aber da zeigt sich eben das reale Zusammenspiel zwischen kulturellen Kollektiven und Einzelnen! So eine Situation kann nicht einseitig beendet werden, wie sie auch nicht einseitig entstanden ist! Auch hier hat es die dunkle Negativität geschafft, Anleihe zu nehmen an realen Strukturen und ihre eigenen Anmutungen, die letztlich nichts weiter sein können als Lügen und damit irreal, somit zu einem Teil der Realität zu machen, und in solchen Fällen zu einem mehr oder weniger permanenten! Das Ganze strebt, wie bei der sprachlichen Reflexion immer, auf den Bereich der Ethik hin, und es wäre dann nur eine Frage, wer den ersten Schritt tut, um die negative Situation zu beenden! Dazu müsste relativierend jedoch erwähnt werden, dass es mit einem einzelnen Schritt in der Praxis wohl nicht getan ist, und dass man von der dunklen Negativität wohl nicht mit einigem Verstand verlangen kann, ethische Initiativen zu setzen! Und dennoch muss ich mich nicht unterlegen fühlen, auch wenn ich immer wieder an die

Grenzen meiner Existenz oder Innenwelt herangeführt werde und manchmal vielleicht sogar darüber hinaus! Meine intuitive Überlegenheit basiert aber nicht auf der momentanen Realität, sondern auf der Natur, die ich selbstverständlich nicht als persönliche Entität für mich beanspruchen kann! Wäre es so, dann käme also auch aus dieser Ecke eine Motivation, die persönliche Sprache in Übereinstimmung mit der Realität und damit letztlich in Einklang mit der Natur zu bringen! Ich muss mich demnach grundlegend entscheiden, was ich für stärker halte, die Natur oder die Potenzialität der Lüge, und diese Haltung auch konsequent verfolgen, was umso leichter ist, wenn die Natur ihre Kraft sozusagen schon einmal manifestiert hat! Im Bereich der Natur und auch der Dinge selbst existiert keine Lüge, und deshalb können Konventionen auf längere Sicht immer wieder auch zu Fortschritten in der Kultur führen! Aber dann gibt es eben noch die Annahme der Negativität, die dem triumphierend eine Leerstelle entgegenhält, und das bisher offenbar immer wieder auch mit einem kleinen oder größeren bisschen Erfolg!

Ich könnte das menschliche Bewusstsein auch als die Wahrnehmung der Kollektivität des Menschseins darstellen und dem gleich hinzufügen, Intelligenz bezeichnet Wahrnehmung mittels erlernter Kultur! Die Lüge der Zeit entfernt dann aber das Bewusstsein von der Realität, ganz normal sozusagen, und um zur Natur zurückkehren zu können, müsste ich dann eben meine Sprache gewissermaßen auf den Punkt bringen, müsste die Zeit treffen, um zur Sprache kommen zu können, und verliere als Folge sofort den bewussten Boden unter den Füßen, stürze gleichsam zu den Quellen des Nichts! Und die Zeit hat sich offensichtlich als Illusion erwiesen, eine Selbstverspottung des Menschen!

Aber es könnte noch ein weiterer Aspekt hinzugefügt werden, die Verbindung der Kategorien Qualität und Quantität! Bezogen auf persönliche Bewusstseinsinhalte lautet das Verhältnis „ich" zu „mein" wie eben Qualität zu Quantität! Und ich kann hier dann ein wunderschönes Paradoxon anbringen: Aussagen über das Ich betreffen die Qualität anderer! In der objektiven Welt überwiegt scheinbar die Quantität, ich kann zu jedem Objekt auch in der Hinsicht Bezug nehmen, ob es mein Besitz oder Eigentum ist oder sein könnte oder auch nicht! Nun hat sich die Quantität aber in der Mathematik abstrakt strukturiert mit Regeln und Gesetzmäßigkeiten, und das Ganze hat dann auch einen etwas künstlichen Anstrich, verliert die Tätigkeit des Zählens von Objekten oder auch natürlichen Entitäten etwas aus den Augen, und es ist dann verständlich, dass im Gesamtgetriebe der Kultur der quantitative Aspekt eine wenig aus den Fugen oder Grenzen geraten kann! Doch auch hier könnte man mit ein wenig Optimismus die Souveränität der Natur im Hintergrund wahrnehmen oder akzeptieren! Bezogen auf die Sprache, die ja ein Kulturelement unter anderen ist, und auf deren Umfeld lässt sich dann jedoch erkennen, dass etwa Gerechtigkeit zunächst qualitativ ist und nicht quantitativ! Diese Anmutungen beziehen sich gleichsam feinstofflich zunächst auf Menschen oder die Natur selbst und erst in zweiter Linie auf Dinge! Das Ich vertritt jedoch mehr die Objektwelt, und das Sein, wenn man so will, die Ethik der Sprache, und genau dazwischen findet die dunkle Negativität offenkundig wieder Raum, ihre Leerstelle anzubringen! Die äußerste Anmutung der Quantität, ihr Fluchtpunkt findet sich letztlich im Abzählen von Zeit, im gesetzmäßigen Erfassen der abstraktesten Entität! Der Inhalt der Zeit wiederum kann auch die Lüge mit umfassen – und schon ist es geschehen, die Negativität hat über die Quantität auch die Zeit usurpiert! Zugegeben, das ist nicht bis in alle Feinheiten logisch, aber das Irrationale ist ja ein Kennzeichen der Negativität! Um noch einmal zum Ausgangspunkt hier zurückzukehren, die Negativität hat auf ihre spezifische Art den Nachweis erbracht, dass auch das Ich ein negatives sein kann, und es fehlt dann nur noch die Konkretisierung auf bestimmte Personen hin, um das Ganze auch in der Realität darzustellen! Und vielleicht ist es hier erlaubt, auch einen kurzen Seitenblick anzubringen, die kognitive Spezifität des Missbrauchs wird auch so gelöst!

Mikaela, ich kann wohl nicht behaupten, die Dinge erschöpfend darzustellen, aber für diesmal möchte ich es gerne genügen lassen!

Herzliche Grüße,

Erich

Liebe Mikaela,

ich war gerade für eine Weile weg, geistig zumindest, und ich möchte nun nur noch versuchen das Ganze zu einem Abschluss zu bringen, einigermaßen abzurunden in diesem Brief! Der Titel des ersten Bandes lautete *Bedingungen menschlichen Seins* und es sollte an dieser Stelle hier in die Richtung gehen, wie sich ein Bewusstsein auffassen kann oder könnte, das sich nicht mehr in gewisser Weise zwanghaft dem Bedingtsein durch den Geist, das Unbewusste und andere innere Faktoren ausgesetzt sieht! Als Alternativbegriff bleibt, wie schon angedeutet, dann nur die Natur, und es ist schon etwas seltsam, dass dem Offensichtlichen in der allgemeinen Bildung so wenig Raum gegeben wird! Es ginge dabei selbstverständlich nicht um das Objekt der Naturwissenschaften, sondern um jene konkrete Entität, die das alles umfasst und gewissermaßen auch trägt, in der die gesamte Kultur stattfindet und sich jeder einzelne Mensch bewegt! Die Natur ist der Grundbegriff schlechthin und ihr Potenzial innerhalb des menschlichen Bewusstseins scheint noch gar nicht ausgelotet zu sein oder muss gleichsam aus teilweise dunklen, mystischen Schriften herausdestilliert werden! Der Mensch hat die Kultur geschaffen und dabei die Rolle der Natur ein wenig aus den Augen verloren! Und dazu kommt noch die dunkle Negativität, die alles so mühsam, schwierig und kompliziert macht oder erscheinen lässt, die die Beschäftigung mit der Kultur von vornherein negativ einzufärben bestrebt ist! Die Sprache zum Beispiel soll aus dieser Perspektive gleichsam wie ein großes, schwarzes Loch sein, das jemanden, der sich allzu neugierig annähert, gnadenlos verschlingt als warnendes Beispiel für andere! Wenn man das Glück hat, halbwegs unbeeinträchtigt aufgewachsen zu sein und sich entwickeln zu können, fällt das nicht so sehr ins Gewicht, akzeptiert man die Rahmenbedingungen leichter, aber wenn man sich vielleicht gezwungen sieht, eine künstliche Gegenposition dazu einzunehmen, die Gedanken- oder Bewusstseinshaltung negativer Personen in der Realität austragen zu müssen, bleibt einem logischerweise nicht viel anderes übrig, als sich damit zu beschäftigen! Philosophen könnten hier eine Zwischenposition einnehmen zwischen Betroffenheit, Täterschaft und dem Bedürfnis, ein klein wenig zu einer potenziellen Lösung beizutragen oder zumindest einen Zipfel der Problematik aufzuzeigen und zugänglich zu machen, aber das lässt sich vielleicht auch erst ex post aus einer schon etwas positiveren oder verfestigten Position heraus feststellen oder wahrnehmen, etwa auf der Grundlage eines demokratischen Lebensverständnisses! Langer Rede kurzer Sinn, an den Grundgegebenheiten im Bewusstseins ändert sich nichts, solange man nicht in Richtung auf die Natur hin tendiert, und eine wesentliche kulturelle Hilfestellung kann einem dabei aus dem Gebiet der

Spiritualität her erwachsen! Letztlich muss aber der Einzelne alleine seine Entscheidungen treffen!

Der erste Begriff, der in den *Bedingungen menschlichen Seins* abgehandelt wurde, war, glaube ich, das Ich, welches vom großen Mathematiker Descartes auch zum zentralen Begriff der Philosophie stilisiert wurde! Ich denke, und das reicht im Wesentlichen schon aus, ein Philosoph zu sein! Ich kann und möchte hier nicht die Stützen der Kultur angreifen, aber einige Jahrhunderte später ist ein zumindest strukturell differenzierteres Bild des Ichs wahrnehmbar oder auch nur vorstellbar, und dazu haben nicht zuletzt auch die traditionellen Kenntnisse anderer Kulturen beigetragen, deren Wissen nun viel leichter zugänglich und abfragbar ist als früher! Aber man muss gar nicht so weit schweifen, man braucht eigentlich nur nach Innen zu sehen – und natürlich das Gelernte, den Verstand zur Anwendung bringen -, dann stellt sich einem das Ich als theoretische Struktur dar, welche, radikal gesprochen, keinen praktischen Körper aufweist, auf einen solchen aber permanent Bezug nimmt! Das Ich ist eine theoretische Instanz, keine praktische! Selbstverständlich hat es jedoch Bedeutung in meinem Alltagsverständnis, nur im Traum bin ich mir vielleicht manchmal unschlüssig, welche Perspektive „ich" gerade einnehme! Das Ich zeigt auch, dass ich an der Sprache Anteil nehme, zu den Menschen dazugehöre, und vielleicht dürfte ich sogar behaupten, dass das Wort ich dem Begriff Mensch dem Ausdrucksgehalt nach am nächsten kommt! Wenn ich „ich" sage, bin ich entgegen der Anmutung den Regeln nach irgendwie mit der ganzen Menschheit verbunden!

Mikaela, ich versuche hier einfach so ein wenig darüber zu surfen, die Inhalte gehören in die Philosophie, Psychologie, zum Teil sogar zur Spiritualität, und man kann hier nicht „ein für alle Mal"-feste Strukturen zum Ausdruck bringen, schon gar nicht als Einzelner, der logischerweise keine Befugnis hat, akademische Fächer zu verändern! Aber andererseits steht es jedem frei, seine Meinung zu äußern, auch zu einzelnen Fachbereichen, und das hier sollte doch ein wenig mehr sein als nur eine private Meinung, dem liegt vielleicht eine etwas natürlichere Auffassung der Sprache und ihres Raums zugrunde, wie sie sich eben ergibt, wenn einem der Geist fehlt! Aber auch Letzteres ist meine eigene Interpretation, allerdings ausgehend von und angeregt durch kulturelle Inhalte! Ich schreibe also hier nicht nach der Art eines fachlichen Lehrbuchs und habe dennoch die Intuition, in gewisser Hinsicht auch Allgemeingültiges zu vertreten! Aber vielleicht sollte ich das später irgendwie auch noch ergänzen durch Angaben zu meiner Person, durch Erzählungen aus meiner eigenen Vergangenheit, durch Erlebnisse, die meine innere Entwicklung begleiteten! Vielleicht kann auf diese Art der Inhalt, den ich darstelle, aus anderer Perspektive noch ein wenig untermauert werden!

Wenn ich das Ich auf neuzeitliche Art objektiviere, dann könnte ich auch meinen, aus der historischen Entwicklung eine Linie von der Religion her wahrzunehmen, dass die Entität Gott und deren ausgiebige Erörterung im mittelalterlichen Diskurs auch auf dieses Personalpronomen abfärbte, dass also der Terminus Gott in gewisser Hinsicht eine kognitive Vorgabe zur neuzeitlichen Überhöhung des Ichs darstellen könnte! Und dem Ich wird dann gleich die Tätigkeit des Denkens anheimgestellt! Dabei wurde aber die allgemeine Orientierung des Ichs an der Sprache übersehen, welche sich auch von anderen Hintergründen her rechtfertigen muss, sodass der Durchschnitt des Sprachgebrauchs auf zumindest teilweise anderen Prämissen beruhen muss und auch zu beruhen scheint als die Bildungstradition offiziell vorgibt oder ausweist! Die Bildungstradition, und das ist nur eine Vermutung, scheint auf die Strukturen, Haltungen, auf das Denken der dunklen Negativität Rücksicht genommen zu haben und diese in nicht genau abgrenzbarer Art in die offiziell gültigen Inhalte mit integriert zu haben! An einzelnen Punkten wird das dann auch exemplarisch zum Ausdruck gebracht, indem Inhalte gleichsam auf ein Podest gestellt werden, die dort offensichtlich nichts verloren hätten! Aber wie gesagt, meine Aufgabe besteht nicht in der Veränderung von Fachinhalten oder der ganzen Kultur!

Das Ich fasst sich selbst als ein Wort auf und fühlt sich auch geborgen in der Weite der sprachlichen Schichte, nimmt damit aber auch die übrigen Voraussetzungen der Sprache an, welche sich mehr oder weniger konsistent auf die Natur zurückführen lassen! Die innere Gerechtigkeit der Sprache, die Wahrheit, die schon dadurch zum Ausdruck kommt, dass die Sprache bezeichnet, was ist, sind selbstverständlich auch Orientierungsperspektiven des Ichs, welche sich, wie früher erwähnt, unter dem Begriff des Seins zusammenfassen lassen! Und das Ich hat dann unter Umständen eine viel allgemeinere, weiter reichende Bedeutung als ihm bisher zugestanden wird, etwa auch in Bezug auf die Herausbildung des Verstandes! In den Lehren indischer Vedanta-Heiliger lassen sich hier Verbindungen erkennen, wie sie in der westlichen Psychologie vielleicht noch nicht so deutlich zum Ausdruck gebracht wurden, etwa dass das Ich von der Sprache her eine Art Durchgangsstation oder Aufhängepunkt für Strukturen des Verstandes darstellt, welche sich bildhaft fächerartig vom Ich her ableiten! Das Ich ist nicht nur für mich als Person eine Verbindung zur Sprache und darüber hinaus zur Kollektivität, kommunikativ und auch mein Gedächtnis betreffend, sondern es war vielleicht in der persönlichen Entwicklung irgendwie auch an der Entstehung des Verstandes beteiligt! Und dabei brauche ich nicht näher darauf einzugehen, dass die Verstandesstrukturen dem Wissen nach immer noch in einem gewissen Halbdunkel der Verborgenheit vor sich hinschlummern! Wer kann schon genau sagen, was der Verstand eigentlich ist? Aber in der Neuzeit hat der Verstand sehr selbstbewusst die Position der Religion eingenommen!

Das Ich ist in die Sprache eingebettet, repräsentiert also in derartig theoretischer Hinsicht mein Verhältnis zur Kollektivität, möchte vielleicht auch anerkannt werden, was umgekehrt schon eine kleine Irritation ausdrückt, einen Zweifel, ein leichtes Gefühl des Hinausgeworfenseins aus einem Pool gleicher Entitäten! Diese Irritation rührt vielleicht von der Zeit her, welche ebenfalls aus der Sprache entsteht, und der mit der Zeit verbundenen Kognition Identität! Entgegen dem Sprachgebrauch kann ich mich nicht mit jemand anderem identifizieren, aber der genaue Inhalt des Wortes Identität lässt sich andererseits auch nicht einfach statisch darstellen, sondern ergibt sich aus dem internen sprachlichen Prozess einer bestimmten Person! Ich kreise also um das Verhältnis von mir selbst zum Kollektiv in mehr theoretischer Hinsicht und es kommt dabei auch ein etwas verdeckter Bezug zur Praxis zum Ausdruck, der eine Kompetenz der Ethik in dieser Problematik signalisiert! Der Sprache übergeordnet oder sie in dieser Hinsicht zusammenfassend gibt es den Begriff Sein, von dem aus sich diese ethischen Fäden ziehen, welche mithin auch das Ich betreffen, und das Ich wiederum hilft mit an der Konstituierung des Verstandes! Der Verstand, könnte man sagen, ist eine Strukturierung des Ichs hinsichtlich der Welt! Es ließe sich dann also ausgehend vom Raum der Ethik und Verantwortlichkeit via den Begriff Sein, die mehrheitlich kollektive Schichte der Sprache und das Ich ein mehr oder weniger nachvollziehbares Modell der Entstehung des Verstandes erkennen, und der Verstand selbst korrespondiert mit den Gegebenheiten der

Außenwelt wie auch die Sprache etwas theoretischer im Inneren! Oder von der anderen Seite betrachtet, die Welt bildet den Verstand aus, aber dieser beruht auf inneren Verbindungen bis hin zur Ethik der Wahrnehmung! Und in dieser Hinsicht übernimmt das Ich auch die Funktion des Verstehens in der persönlichen Wahrnehmung, ermöglicht oder auch motiviert durch die Kollektivität der Sprache! Im Prinzip wäre das alles vorgegeben bzw. wird es erlernt, aber leider gibt es auch objektive und manchmal absichtliche Irritationen, die das Ganze unsicher erscheinen lassen, den Einzelnen dem Geist und der Zeit ausliefern und überlassen oder vor sich hertreiben können! Das Eingebettetsein in die Gemeinschaft kann sich also auch als problematisch erweisen und zu Gegenlage-Situationen führen bis hin zur Aggression! Der reale Missbrauch rechtfertigt innerlich oder theoretisch die grundsätzliche Haltung des Misstrauens! Aber gerade in diesem bedeutsamen Zusammenspiel innerer Strukturen wäre Vertrauen notwendig! Um das mitunter ein wenig verfremdete Wort Pflicht zu zitieren, die Sprache wäre eigentlich implizit auch die Verpflichtung einer Person, ihr zu vertrauen! Die Kulturgeschichte, die zugestandenermaßen kontinuierlichen Fortschritt erkennen lässt, hält für den Einzelnen heute scheinbar immer noch eine Position bereit, in der es ein Wagnis für das Bewusstsein ist, der Natur zu vertrauen!

Wenn ich das Wort Lüge verwende, erscheint das zunächst seltsam inhaltsleer! Eine Lüge ist eine konkrete Lüge, aber das Wort selbst hat beinahe keine Bedeutung!

Es kennzeichnet nur, dass etwas nicht zusammenpasst, sowohl im Übergang von der Kommunikation oder Theorie zur Praxis als auch innerhalb der einzelnen Bereiche! Ein wenig objektiviert, kann die Lüge also nur wirksam werden, weil es voneinander abgegrenzte Entitäten gibt, und noch weiter verallgemeinert liegt das Grundübel bei der potenziellen Unterteilung der Natur, und mit moralischem Unterton könnte ich behaupten, das Böse unterteilt im Wesentlichen die Einheit der Natur! Tatsächlich ist das Böse dazu gar nicht imstande, aber der Anmutung nach allemal! Und wenn von Unterteilung die Rede ist, lässt sich auch eine Assoziation zur Zeit herstellen! Die Potenzialität der Lüge macht die Negativität dauerhaft und diese Art Dauer wird zur Problematik für den Verstand! Dabei verhält sich die Zeit zur Dauer ähnlich wie die Identität zur Sprache! Und wir armen Menschen im Tal der Tränen opfern einen Großteil unseres Lebens der Dauer, welche noch dazu als Zeit verkannt wird! Die Rolle der dunklen Negativität bleibt dabei im Dunkeln, aber es lässt sich spekulativ schon eine gewisse Intentionalität vermuten! Die Leerstelle der Negativität könnte gleich die gesamte Sprache umfassen! Und wenn das nicht so ist, reicht es aus, dass Inkompatibles einander irrational bedingt! Wahrheit heißt Anerkennung dessen, was ist, und darin besteht auch die gleichsam natürliche Qualität der Sprache! Es wurde bereits postuliert, das Sein sei die Übereinstimmung eines Wortes mit der Natur, und ebenso könnte ich ableiten, das Nichts ist die Übereinstimmung eines Wortes mit dem Wesen, mit dessen natürlicher Qualität! Das Nichts ist ein

Hintergrundzustand des Bewusstseins, aus dem sich unter anderem auch der Verstand erhebt! Und ich könnte das Wort Illusion etwa auch als Hinweis verstehen, dass ein Mensch immer beim Nichts des Bewusstseins bleibt, auch wenn er das vielleicht niemals bewusst wahrgenommen hätte, außer im Tiefschlaf selbstverständlich! Aber das ist etwas anderes, als absichtlich irritiert oder in die Irre geführt zu werden! Ich könnte etwa Feindschaft beschreiben als Leugnen der Wesenhaftigkeit einer Person! Hier geht es offenbar immer gleich aufs Ganze, und im Hintergrund ließe sich dann schwach ausmachen, dass Dummheit letztlich ein sinnloser Protest gegen das Menschsein selbst ist!

Möchte ich das Ich konturieren, erkennen oder darstellen, komme ich also ziemlich rasch in das Umfeld der Sprache und mithin auch der Kommunikation hinein! Und bei mir selbst hat sich in letzter Zeit eine Tendenz entwickelt, Wörter probeweise mit dem Adjektiv „natürlich" zu versehen, von denen man das im Allgemeinen nicht gewohnt ist, wie etwa eine „natürliche Zeit"! Korrespondierend könnte ich dann auch von einem natürlichen Verstand sprechen, welcher die Welt sozusagen alternativlos akzeptiert! Was in der Praxis die Natur ist, dem entspricht in den mehr theoretischen Kulturelementen einfach die Akzeptanz dessen, was ist, womit wieder eine direkte Verbindung zur Natur hergestellt wird! Diese Verbindung könnte aber unterbrochen werden, auch intentionell, und eine Leerstelle wäre dafür schon ausreichend, auch wenn diese substanziell keine feste Begründung hätte! Ich bin einfach unsicher, und da hilft mir immer wieder der Geist weiter, und ich kann Kognitionen in die Spannung der Zeit verschieben! Es wird quasi eine zweite Realität geschaffen, die sich von der tatsächlichen unter Umständen kaum merklich abhebt, die aber mehr oder weniger konstant ist und in mir demnach auch das Gefühl einer grundlegenden Unsicherheit verstärkt! Mein Auge kann aber nicht das Sehen sehen und die Haut kann nicht das Spüren spüren! Die Verbundenheit mit der Natur ist nach wie vor eine unmittelbare, nur hat sich das menschliche Kollektiv im Verlauf der Kulturgeschichte dahingehend ausgewirkt, dass diese unmittelbare Verbundenheit irgendwann nicht mehr bewusst war und andererseits aber auch nicht das Bedürfnis entstand, etwa nach der Natur selbst zu suchen! Man kann nach vielem suchen, aber wer sucht schon nach der Natur? Das Bewusstsein! Das Bewusstsein möchte seine ursprüngliche, natürliche Qualität wiederherstellen und dazu muss es sich von der Lüge befreien! Und wie die dunkle Negativität eigentlich nur ein „als ob"-Getue ist, reicht es dem Bewusstsein, sich von quasi zwanghafter Gebundenheit an die objektive Zeit zu befreien, um seinen natürlichen Zustand wieder zu erhalten! Der Gegenpol zur objektiven Zeit wäre die subjektive Zeit, aber im Inneren könnte man tatsächlich so etwas wie eine natürliche Zeit annehmen, schon alleine, um dem Begriff Zeit eine sinnvolle Substanz zu konzedieren!

Das Ich lässt sich also irgendwie als Verdichtung der Sprache auf die Existenz hin auffassen, aber es lässt sich im Zusammenspiel auch die umgekehrte Richtung nachvollziehen, die Natur durchdringt die gesamte Existenz bis auf das Selbst hin! Ich könnte von der grobstofflichen, der objektiven Natur ausgehen und nach Innen kommen bis zu – ja wohin eigentlich? Gibt es im Inneren Grenzen, die der Natur gesetzt werden? Das menschliche Bewusstsein umfasst ständig Prozesse, welche von außen nach innen weisen, und es reagiert auch, konstituiert einen Output, und man weiß dann nicht immer, woher die Initiative kommt! Das Kollektive kommt wohl eher von außen, aber in erster Linie bin ich ein Naturwesen mit stets auch unmittelbaren Bedürfnissen, und in dieser Hinsicht erscheint die Natur umfassender! Außerdem muss ich auf die Kultur unter Umständen ein zweites Mal hinsehen, um mich zu vergewissern, die Natur kommt schon mit der Wahrnehmung aus! Es wird also ein gewisser Zwischenbereich hin und her geschoben, nämlich eigentlich die ganze Welt, und dabei lässt sich immer wieder auch die Perspektive ändern! Dinge gehorchen der Natur zum Beispiel alternativlos, aber die Negativität ändert die Ordnung von Dingen und Strukturen oft mit Absicht, um zu verwirren! Und um sich der Verantwortung zu entziehen, nimmt die Negativität lieber über maschinenhafte Strukturen Anteil an der Welt!

Blickt ein Mensch nach innen, kommt er also über das Ich zur Sprache und nimmt dazu möglicherweise auch den durch die Praxis etwas problematisierten Begriff der Zeit wahr! Und ein Mensch, der nun mal einen Geist entwickelt hat, sucht nach Gewissheit, möchte manchmal Sicherheit von der Allgemeinheit erhalten, die ihm doch nur die Natur bieten kann, und zwar seine eigene in seinem Inneren! Aber die Sprache ist, Gott sei Dank, nicht jenseits der Natur, der Gehalt von Worten und Begriffen ist in Wahrheit unteilbar und die rationale Logik ist eine Abstimmung von Worten und Realität! Das Ich ist dann so etwas wie ein Funktionsalgorithmus in Bezug auf die Sprache und impliziert der Anmutung nach auch gleich die andere Richtung von der Sprache her! Das Ich beobachtet das Selbst mithilfe der und über die Sprache, aber es ist nicht das Selbst! Das Ich ist weder sein Körper, ohne den es nicht existieren kann, noch ist es eine unveränderliche, theoretische Struktur! Das Ich repräsentiert diese ständige Hin-und-her-Bewegung vom Kollektiv zum Einzelnen und wieder retour innerhalb von Sekundenbruchteilen, und niemand kann genau sagen, von wo aus es im Bewusstsein seinen Anfang nimmt! Man könnte vielleicht feststellen, der Geist entsteht aus einem Ursprung, und ein Anfang wiederum weckt das allgemeine Interesse für Ursprünge! Der Geist ist nicht unmittelbar mit dem Ich verbunden, aber die beiden kommen einander mitunter schon sehr nahe! Das Ich wähnt sich in einer sicheren Beobachtungsluftblase, aber die Sicherheit müsste es sich erst verdienen oder erwerben, die kann ihm von der Allgemeinheit nicht so ohne weiteres zur Verfügung gestellt werden! Innere Sicherheit basiert letztlich auf einer Übereinstimmung mit der Natur und dazu müsste das Ich die Wahrheit treffen und die Zeit ausschalten, was es alleine allerdings wohl nicht kann! Wenn sich meine natürliche Wahrnehmung jedoch auf das Ich in der Gegenwart bezieht, wird die Seele aktiviert, Voraussetzung dafür ist allerdings eine vollständige Akzeptanz der Sprache! Und die Seele bringt genügend Energie auf, um sogar die Zeit und mit dieser verbunden den Geist außer Kraft zu setzen! Die Ethik hat ihren Platz zwischen dem Individuum und der Sprache, zwischen meiner Natur und dem kulturellen Kollektiv. Und sie besteht im Wesentlichen in Ehrlichkeit, der Haltung zur Wahrheit hin, der Bereitschaft, einzugestehen und zu akzeptieren, was ist! Und das heißt nicht, dass ich jeden ständig über meine inneren Befindlichkeiten am Laufenden halten muss! Die Dinge zu sehen und dann auch zu akzeptieren, wie sie sind, reicht schon aus! Ehrlichkeit versus Lüge, Wahrheit und Wirklichkeit der überschwelligen Realität versus einen unterschwelligen Höhlenbereich, der sich seines eigenen Inhalts nicht gewiss ist!

Es dreht sich viel auch um die Sprache, deren intrinsische Kraft noch gar nicht erforscht zu sein scheint! Wenn man überhaupt von einer Kraft der Sprache sprechen will, wird diese jedenfalls von der Natur repräsentiert! Und die Natur hätte wohl auch die Kraft, die Verkrustungen des Missbrauchs aufzubrechen! Und das Sein als Wort, als zu drückender Knopf ist eine Art sprachlich-kultureller Ausdruck der Natur! Dann liegt es aber auch auf der Hand, dass man dieses nicht einfach den Fängen des Teufels überlassen kann, denn damit würde alles, die ganze Welt preisgegeben! Und alles ist in gewisser Hinsicht auch identisch mit dem Nichts, die Fülle des Nichts oder alles bezeichnet Natur, das, was ist! Ist das Sein kontaminiert, dann in der Folge wahrscheinlich auch die Sprache, und es ist verständlich, dass sich ein Mensch an die kontaminierte Sprache anpassen möchte, er ist ja nur ein Einzelner in Bezug auf ein Kollektiv! Aber das Ich bemüht sich dennoch ein Leben lang, ein vollständiges zu werden, und das geht nun mal nicht auf der löchrigen Basis einer Aneinanderreihung von Lügen! Man kann sich abheben von der Realität und letztlich auch der Natur, man kann versuchen, zu hüpfen, mehr oder weniger dauerhaft, man kann sich der Zeit verschreiben oder dem Geist, man kann sich verlieren in nebelhaften Schleiern vor dem Hintergrund dunkler Weiten eines inneren, sternenlosen Alls, aber der natürliche Gegner des Geistes und damit auch der Zeit ist und bleibt, und diese lapidare Einsicht mag überraschen, tatsächlich die Natur, was ich fühle, wahrnehme im so belanglosen Ablauf meines Alltags! Insofern könnte man vielleicht auch von einer Zeit der Natur sprechen, welche für einen Menschen und sein Ich bedeutsam ist, und die objektive Zeit stellt dann, verglichen mit dieser, keine gute Orientierung dar! Eine solche Zeit der Natur kann ich aber nur in meinem Handeln einholen, in einer bewussten Entscheidung auf die Sprache hin, und ich bin selbstverständlich alltäglich nicht in einer entsprechenden Situation dazu! Ich bin wachbewusst innerlich oft in dieser Beinahe-Parallelwelt der Gedanken unterwegs mit der leisen Tendenz, mich selbst zum Ding zu machen, potenziell! Und ich könnte auch argumentieren, das Absolute ist ein theoretisches Ding, das es nicht gibt, das Absolute, dieser Absturz, der einen nicht zerschellt, sondern nach dem man sich in umfassender Geborgenheit wiederfindet! Und es ist auch korrekt, zu sagen „es", es gibt, denn der kollektive Geist bringt das logischerweise nicht zustande! Aber kann ich mich davon isolieren? Kann ich mich auf eine Seite stellen, wo der kollektive Geist gar nicht mehr hinlangt? „Es" ist Neutrum und dient bei Sprachen, die es verwenden, mitunter wohl eben zu dieser Ausrede! Ich mache mich gleichsam selbst zum Ding und verschiebe die Verantwortung dafür auf ein Kollektiv! Und die Tendenz dazu liegt in der Welt quasi schon auf der Hand, auch in meiner Innenwelt! Man könnte etwa ein Bonmot formulieren, Zeit ist die Dingeigenschaft der Menschen, Dauer jene der Dinge! Und Gedanken tragen dazu bei, die Zeit mit Dauer zu verbinden! Der Mensch verwendet die Sprache, um die Welt zu erschaffen oder zu konstruieren und muss dann aber auch mit seinen Schöpfungen auskommen, wenn er etwa der Zeit entfliehen möchte! Mein Denken wird etwa von Vorstellungen begleitet, und diese basieren meist auf eigenen Erinnerungen, versetzen mich in eine Luftblase, in der es sich gemeinsam mit meinem Geist schon aushalten lässt! Vorstellungen schaffen es unter Umständen sogar, die Zeit ein wenig außen vor zu lassen, obwohl sie Entitäten innerhalb dieser sind, haben aber gleichsam eine etwas natürlichere Anmutung als die Wortsprache des Denkens selbst, und ich kann mich davon eben auch zu Träumen und Fantasien verleiten lassen! Vorstellungen liegen etwas näher an der Natur und diese Tatsache macht sie auch kompakt, in gewisser Weise fest, obwohl sie lediglich Teil meiner Innenwelt sind! Ich verlasse mich in meinen Abläufen sogar ab und an gerne auf Vorstellungen, einfach um auch die Konsistenz meiner Innenwelt zu bestätigen! Und die Bildung, die Objektivität, die Kulturtradition machte aus den Vorstellungen einen eigenen Objektbereich, der Materialismus zielt im Wesentlichen auf die Substanz von Vorstellungen ab! Und ich brauche bei Vorstellungen nicht einmal zwischen „mein" und „dein" unterscheiden, kann der Zeit sozusagen die kalte Schulter weisen! Aber andererseits scheinen Vorstellungen auch nur Projektionen in die Zukunft zu sein, sie haben eben eine ganz eigene Substanz, eine optische schlechthin!

Wenn man der inneren Welt eine Statik, eine gewisse Permanenz zuschreiben möchte, bleibt sie nicht ganz bruchlos, und die hauptsächliche Bruchstelle verläuft irgendwo zwischen dem Einzelnen und dem Kollektiv, ohne sich je genau lokalisieren zu lassen! Hier findet also auch die Negativität Platz, um mit ihrer Leerstelle der Inkompatibilität anzusetzen! Wenn ich mich einmal entschlossen habe, Inkompatibles zu verbinden, dann ist das auf alles anwendbar, das mir gerade unterkommt oder irgendwie opportun erscheint! Letztlich ist aber auch negatives Denken auf das Leben hin zentriert und muss dann auch notgedrungen Kompromisse eingehen im Hinblick auf Konventionen, auch wenn es das möglichst kleinzureden versucht! Der tatsächliche Alltag ist dann nur eine Randerscheinung! Die Natur andererseits ist ein fortlaufender Prozess, der auch Statisches tragen kann und zugleich auch darüber hinausweist! Ich kann mich als Mensch und Teil des kulturellen Kollektivs in gewisser Hinsicht auch auf die Konventionen verlassen, darf mich dabei beruhigen, Anteil zu nehmen an den Konventionen der Kultur! Und ich kann daraus auch gleich eine implizite Verpflichtung für mich selbst ableiten, den Konventionen und besonders auch der Sprache gegenüber eine bestimmte ethische Haltung einzunehmen, die stellvertretend eben für dieses kulturelle Kollektiv darstellbar wäre! Nur eines sollte ich dann nicht, die beliebige Anwendung der Lüge, des Zusammenbringens von Inkompatiblem als Zielsetzung haben! Erwachsene werden manchmal seltsam ernst, wenn sie Dinge ausdrücken wollen, die sich auf das Leben selbst beziehen, und die Anmutung dieses Ernstes besteht dann nicht zuletzt auch darin, dem Kollektiv den gebührenden Stellenwert einzuräumen!

Die ganze Irrationalität der Negativität lässt sich unter anderem auch an ihrem Verhältnis zur Zeit erkennen! Wie viele andere Entitäten auch wird die Zeit einmal als substanzhaft geleugnet, wird der Rahmen der Zeit als Gummiwand mit dem Hang zum Nicht-Existieren abgetan und innerhalb der Zeit eine Beliebigkeit ermöglicht, die sogar bis hin zur Selbstzerstörung führen kann! Und andererseits muss auch die Negativität zu jedem Zeitpunkt die Gesamtheit der existierenden Dinge auffassen, zu deren Verschlechterung sie unablässig beizutragen scheint! Die Zeit der Negativität glüht, und die EU hat schon vor Jahrzehnten den Verkauf von Glühbirnen verboten! Und die Zeit glüht nicht zuletzt auch deshalb, weil man sie nicht verlassen zu können scheint! Die Zeit ist das abstrakteste Ding, und man kann ihre gedanklichen Fesseln nicht loswerden! Ich könnte mich auch weigern, die Realität zur Kenntnis zu nehmen, aber das führt, wie die Erfahrung zeigt, in der Praxis dann meist zu zusätzlichen Formen von Bedingtheit! Ich könnte mich einfach auch ärgern, Emotionen kosten ja nichts, aber wenn wir uns ärgern, ärgern wir uns letztendlich auch über die Zeit! Die menschliche Psyche fasst Freiheit intuitiv als einen natürlichen Horizont auf, aber der Geist hängt irgendwo fest und richtet den Blick des Bewusstseins auf die Zeit! Das Ressentiment eines spezifischen, menschlichen Geistes ist die verborgene Ursache, ich hänge an Persönlichem fest im Erfahrungsrahmen meiner eigenen Geschichte! Und die Kognition, jenes Element der Objektwelt, das dieser inneren Konstellation am nächsten zu kommen scheint, ist die Kognition Besitz oder Eigentum, welche innen wiederum durch den Geist und die Zeit repräsentiert werden! Ich gehe hier im Kreis über die Grenzen meiner eigenen Persönlichkeit hinweg, laufe ernsthaft Gefahr eines Solipsismus einfach aufgrund der Tatsache, über ein Bewusstsein zu verfügen! Ich möchte oder kann die Zeit nicht fahren lassen, weil damit unter Umständen meine konventionelle oder besser existenzielle Lebensgrundlage in Gefahr geraten könnte! Und ein Mensch ist letztlich lediglich mit seinem Bewusstsein konfrontiert! Aber hier sagt einem die Natur, ein einfacher gesunder Hausverstand, dass man sich auch einmal auf Konventionen verlassen kann, weil diesen ja doch irgendwie auch das Momentum der Gerechtigkeit eignen muss, das mich zumindest auf eine Stufe stellt mit den anderen! Wenn man nichts hat, reicht auch dieser Gedanke alleine mitunter schon aus! Abgeleitet von der Philosophie könnte ich dann etwa sagen, Dialektik ist die Fähigkeit eines Menschen, seiner Sprache zu vertrauen! Und das Missverständnis der dunklen Negativität besteht an dieser Stelle darin, das Leben, wohin auch jene strebt, mit der Anmutung eines Besitzobjekts zu versehen! Das Leben ist entweder Natur oder – ein Ding? Ein Ding, das Dauer hat und in dem man die Zeit auf die lange Bank schieben kann!

Das Bewusstsein ist jedoch umfassender, es fühlt unter anderem, und so sieht sich ein Negativer mit der Gegebenheit konfrontiert, seine Emotionen auch ausdrücken oder intern verstehen und moderieren zu müssen und damit in einen Kreislauf hineinzukommen, in dem letztlich die Akzeptanz der Kollektivität in irgendeiner mehr oder weniger gültigen Form unausweichlich scheint, möchte man sich tatsächlich Erleichterung oder so etwas wie eine Lösung verschaffen! Und diese Akzeptanz der Kollektivität ist eine grundsätzliche Akzeptanz des Menschseins und, rückwirkend verbunden damit, auch der Kultur! Ich kann eine Zeit lang auf die destruktive Kraft von Emotionen setzen, aber ich kann mich nicht dauerhaft in so einem Zustand befinden! Ich müsste dann auslagern, abspalten, auf andere verschieben, und das kann an sich nur eine kognitive, theoretische Lösung sein! Meint das Ich meinen Körper, dann kann ich nach dem Grundsatz des Ausgleichs aber auch andere physisch schädigen – dieser Grundsatz ist dann selbstverständlich missverständlich aufgefasst, abgesehen von der Struktur und Konsistenz des Ichs! Unabhängig davon, ob ich mich selbst negativ verstehe oder nicht, ist etwa die psychische Summe der Konstanten Hoffnung und Verzweiflung gleich Null, oder anders gesagt, die Hoffnung verhält sich invers reziprok zur Verzweiflung! Beinahe eine mathematische Gleichung, wie es scheint, Voraussetzung dafür wäre allerdings auch die formale Akzeptanz von Konventionen! Man kann die Inhalte des Bewusstseins nicht bis zu dessen Rändern ziehen oder ausdehnen, man kann nicht eine abgeschlossene oder fertige Maschine in seinem Inneren platzieren, aber man muss sich auf die eine oder andere Art den mitunter auch zentralen Räumen von Konventionen annähern und damit auch der dafür konstitutiven Gerechtigkeit, die aber nicht in äußeren Gesetzen niedergelegt sein muss! Weshalb sollte ich das? Um des lieben, inneren Friedens willen! Ich habe früher schon die Erkenntnis ausgedrückt, das Ich sei die Summe all seiner wahren und fiktiven Sätze! Es kann sich also nur erfahren, indem es über die Sprache geht, und dazu muss es die Sprache als Konvention auch akzeptieren, mehr oder weniger zumindest!

Ich kämpfe als Negativer gegen meine Emotionen, weil ich sie nicht immer und überall ausdrücken kann, und wie gesagt auch gegen meinen Körper und suche nach einem Ventil! Die Druckminderung findet aber nicht nach außen hin statt, sondern liegt in der Akzeptanz der Natur, also dessen, was ist, was zu einem großflächigeren Verständnis der gegebenen Situation führt und von da aus die Aufmerksamkeit auf andere Möglichkeiten des Verhaltens richtet, die mir selbst auch nicht fremd sind! Es findet also eine kleine, interne Richtungsänderung statt, welche ich nach außen erst mitteilen müsste, Kommunikation ist eine Innen- und Außenbetrachtung! Bleibe ich allerdings in der Objektwelt, verhärten sich die Grenzen tendenziell und es kommt zu einem Austausch von Emotionen nach dem Kuhhandelsprinzip! Leben bedeutet für einen Menschen spezifisch auch, sich der Sprache anzunähern, und die Möglichkeit der Lüge steht dem diametral entgegen! Die ganzheitliche Anmutung von Erkenntnis ist dann letztlich auch, dass der Geist aufgegeben werden muss! Destruktivität drückt in gewisser Hinsicht eine Fixierung auf einen Anfang aus und damit ein Festhalten an der Vergangenheit! Die kognitive Haltung der Negativität kommt einer Indoktrination der Lüge gleich und wird dadurch zum mehr oder weniger leblosen Stellvertreter der Gegenwart! Und es ist dann eine Frage der Zukunftsorientiertheit, wie weit ich bereit bin, der Natur in mir selbst Raum zu geben!

Seltsamerweise hat ausgerechnet die Moral die inneren Voraussetzungen für den Missbrauch noch ein wenig verstärkt, weil sich innerhalb der Objektschichte auch ein Strang des Besitzdenkens dazu mischt! Die ethische Grundhaltung kehrt sich folglich unter Umständen ganz schnell um und ich verpetze meinen Nachbarn, weil ich an dessen Besitz kommen möchte! Und vielleicht unterschiebe ich ihm auch etwas, das ich vorzugsweise nur von mir selbst kenne! Die Emotion des Hasses etwa zielt nicht zuletzt auch auf konkrete, reale Besitztümer ab! Und möchte man mit dialektischer Spekulation dem Holocaust eine rationale Begründung unterlegen, dann ist diese das Wort Lüge verbunden mit dessen beinahe unendlicher Potenzialität! Wahrscheinlich stammt die Tendenz der Negativität, eigenen Schaden bei anderen ausgleichen zu wollen, schon aus dem Kindesalter! Aber die Natur würde dem entgegenwirken, die Konventionen ermöglichen Menschen auch ein Zusammenspiel, und im Zuge dessen steigt auch der Stellenwert des eigenen Selbst! Das Abarbeiten von Angelegenheiten im Rahmen von Besitz- und Eigentumskognitionen ist eben bei Dingen sachgemäß, kann in Bezug auf Menschen aber nicht ganz befriedigend sein, auch wenn Menschen sich Bedingungen ausgesetzt sehen können! Das Abstraktum der Zeit ist dann nicht selten der Hase im Pfeffer, und Menschen lassen sich nun mal auch von der Zeit Beschränkungen auferlegen! Eine innere Orientierung auf die Sprache hin verspräche Erleichterung, und dort kommt die Zeit ja ursprünglich auch her, nimmt sich zunächst wie ein magisches Zutun zu Worten aus, welches ja auch den Geist initiiert! Um die Zeit aber dort wegzubekommen, muss ich die Worte einfach so akzeptieren, wie sie sind, was dann Wahrheit bedeutet! Die schärfste Waffe des Menschen im Kampf mit der Zeit ist eben genau diese Wahrheit, bezogen allerdings auch auf meine eigene Wirklichkeit und die persönliche Sprache, die diese begleitet! Die Richtung auf den anderen hin ruft das Ich auf den Plan, die Richtung zu mir selbst hin konstituiert das Sein!

Innerhalb der Sprache, könnte man sagen, findet ein Übergang von Kraft zu Macht statt, von der Natur zur Ausübung von Dingeigenschaften wie vorzüglich auch der Zeit! Das Sein repräsentiert Kraft, das Ich befindet sich bereits im Bereich der Macht! Ich kann versuchen, der Macht durch alle möglichen Tricks zu entfliehen oder diese irgendwie zu umschiffen, und möglicherweise kommt es dabei zu Kollateralschäden an anderen, was in der Folge wahrscheinlich wiederum zu Spannungen führt und so fort! Die Spannung in elektrischer Form ist eine praktische Kulturgrundlage auch in die Zukunft hinein, die Spannung in mehr abstrahierter Form wird unter Umständen durch die homogene Entität Geld repräsentiert, die sich auch aktiv einsetzen lässt und somit von der Emotion ableiten kann! Die Spannung der Zeit bleibt, wie schon erwähnt, unterbewusst zwischen Vergangenheit und Zukunft und wird damit auch zu einem psychischen Fundament der persönlichen Sprache! Und aktiviert aus dieser Spannung hinausfallen – schwupp!

Mikaela, ich hoffe, ich habe Dir in Kombination mit dem ersten Band einen kleinen Überblick über meine abstruse Innenwelt gegeben, und falls ich dazu kommen sollte, werde ich das gerne noch mit einigen Anekdoten aus meinem Leben ergänzen!

Herzliche Grüße,

Erich

26. Jänner 2024

Liebe Mikaela,

ich habe im Fernsehen gesehen, dass Du bei einer Abfahrt in Cortina gestürzt bist, was mich geschreckt hat, weil das in Deiner Karriere bisher wohl selten der Fall war! Ich hoffe, es geht den Umständen nach einigermaßen glimpflich aus, und wünsche Dir das Beste, gesundheitlich und in jeder Hinsicht!

Wie versprochen werde ich in diesem letzten Brief versuchen, mich selbst, meine Hintergründe und vielleicht auch meine Ziele kurz darzustellen, um den Text oder die Bücher auch auf die Person, die dahinter steht, ein wenig transparent zu machen! Ich habe früher schon gesagt, dass ich eigentlich ein Niemand bin, ein Nichts, das Nichts des Bewusstseins, welches auch ein Alles ist, ein natürliches Bewusstsein also, und das seit meinem 18. Lebensjahr! In gewisser Hinsicht musste ich damals von vorne anfangen, besonders was die Sprache und mein Verständnis derselben betrifft, was aber auch eine Verlagerung des Interesses mit sich brachte, die mich von den Altersgenossen vielleicht ein wenig entfremdete! Das innere Lebensalter korreliert mit dem Interesse, hat, glaube ich, auch schon der große Leibnitz irgendwie durch die Blume konstatiert!

Aber wie hat alles begonnen? Im Wesentlichen lassen sich wohl im Bezug auf mein Leben zwei Hauptelemente unterscheiden, die Natur und ihre Wirksamkeit auf der einen Seite und die Lüge auf der anderen! Mein „Schicksal" wurde vielleicht schon vor meiner Geburt irgendwie beeinflusst, kollektiv, im Rahmen einer inoffiziellen Allgemeinheit, welche sich auch aus kulturhistorischen Strängen ergibt, und mein Herkunftsland ist eben Österreich! Als ich zur Welt kam, hatte man mich vielleicht schon ausersehen, bestimmt für irgendwelche Problematiken, von denen ich als Baby im Krankenhaus Korneuburg natürlich äußerst wenig verstand! Aber mein Köpfchen wurde möglicherweise schon durch eine Geburtszange deformiert, was heute noch erkennbar ist! Und hier müsste ich selbstverständlich sofort auf die Anmutung dieser frühen Darstellungen zu sprechen kommen, die sich hauptsächlich auf Vermutungen und Spekulationen stützen, weil ich so gut wie keine festen Informationen besitze! Möglicherweise wurde ich dann bereits im Alter von wenigen Wochen im

Umfeld der Verwandtschaft mit einem Fluch belegt, über den ich zwar eine vage Mitteilung erhielt, dessen Inhalt mir aber verborgen ist! Ich bin auch nicht sehr neugierig und lasse mir von solchen Verwünschungen nicht den Schlaf rauben, aber diese Striche zeigen schon, dass ich von Anfang an offenbar mit etwas ungewöhnlichen Farben gemalt wurde, was mir in kollektiver Hinsicht erst viel später in den jüngsten Jahren bewusst wurde!

Ebenso in die Zeit vor meiner Erinnerung fällt eine Leistenbruchoperation, der ich im Krankenhaus Mistelbach unterzogen wurde und die meiner Intuition nach jene Folgen hatte, welche sich sonst von außergewöhnlichen Bewusstseinserfahrungen ableiten lassen, nämlich dass sich das Bewusstsein graduell etwas mehr nach innen kehrt, dass man auf die eigene Natur mehr Aufmerksamkeit richtet und die Natur generell einen etwas höheren Stellenwert bekommt und so weiter! Was übrigens damals genau passierte, weiß ich leider nicht und ich erfuhr von dieser Operation erst im Rahmen einer schulärztlichen Untersuchung der Grundschulzeit und natürlich im anschließenden Gespräch mit meiner Mutter! Ich dürfte allerdings relativ unsanft behandelt und vielleicht auch absichtlich infiziert worden sein, meine Traumwahrheit erzählt mir, dass meine Lunge durch den Tubus mit Flüssigkeit gefüllt und vielleicht auch ein wenig davon in ein Ohr geträufelt wurde, man verhielt sich damals offenbar wenig rücksichtsvoll, vielleicht wurde auch mein Rachen oder Schlund irgendwie davon beeinträchtigt, die Stimmbänder womöglich, und beim

Schlucken von Essen oder Flüssigkeiten habe ich scheinbar heute noch gewisse Probleme! Weshalb tut man Derartiges einem gerade einmal Zweijährigen an? Ich weiß es nicht, aber es könnte eben mit einer kollektiven Vorbestimmung zu tun haben, welche sich dann auch noch auf viele andere Bereiche hin erstreckte!

Vielleicht sollte ich hier ein wenig ausholen und von meinen Vorfahren erzählen, wobei ich mich für Ahnenreihen oder Ähnliches bisher nie interessierte! Meine Oma stammte aus Pfösing, einer Ortschaft im Weinviertel in der Gegend von Wolkersdorf, und dort soll sich der Anmutung nach eine bemerkenswerte Geschichte zugetragen haben, deren Ursprünge bis in den Adel um den Wiener Hof hineinreichen! Gerard van Swieten war zur Zeit der Aufklärung Hof- oder Leibarzt Maria Theresias, der einzigen Frau auf dem österreichischen Thron. Einer seiner Söhne, wahrscheinlich Johannes, starb schon während der Schulzeit in der damals neuen Eliteeinrichtung des Wiener Theresianums an Lungenentzündung. Und, was ich erst seit wenigen Jahren weiß, es besteht die Möglichkeit, nach seinem offiziellen Ableben die irdische Existenz fortzusetzen, wahrscheinlich unter anderem Namen oder so! Jedenfalls kam es dann vielleicht etwa um 1800 herum, als die Welt gebannt nach Frankreich und auf Napoleon blickte, zu einem Vorfall im Umfeld des Hofes, bei dem Kunstschätze der Hofbibliothek, möglicherweise auch einige Blätter von Rembrandt, gestohlen wurden und vielleicht noch andere

Unterlagen, die für das Kaiserhaus selbst eine gewisse Brisanz hatten! Eine Verbindung zu dem verstorbenen van Swieten kann bestenfalls vermutet werden! Es kam dann in irgendeiner Form zu einem Ausgleich, der tatsächliche Schaden hielt sich wohl in Grenzen, aber die „Prätorianer" um den Hof herum waren wachgerüttelt, hatten Blut geleckt und ließen davon Generationen hindurch nicht ab! Die Bedeutung der Familie van Swieten im Umfeld des Hofes verlor sich später und in Pfösing wurde von einem grausigen Zwischenfall berichtet, bei dem einem Spaziergänger mit Hund in einem Hohlweg von jungen Leuten aufgelauert worden sein soll, jener wurde von mehreren Schüssen getroffen und anschließend in einem Waldstück vielleicht sogar kannibalisiert! Auch hier lässt sich eine Verbindung zu dem jungen, anonymen van Swieten nicht nachweisen! Und um die Geschichte vollends unglaubwürdig zu machen, überlebte das Opfer sogar diese Sache noch, indem die Täter an seiner statt ein Wildschwein verspeisten und der Verletzte vielleicht in das Schloss Würnitz verbracht wurde, wo er sozusagen ein zweites Mal den Tod überleben konnte! Dieses Schloss existiert heute übrigens nicht mehr, aber der zugehörige Waldteich wird noch gerne genutzt.

Um den Faden wieder aufzunehmen, meine Oma, eine geborene Wimmer, stammte vielleicht von der Nachkommenschaft des damals verunglückten Opfers ab, und diese Familie wurde durch Generationen hindurch mehr oder weniger gewohnheitsmäßig von Leuten aus dem Umfeld angefeindet im Gedenken an einen nicht einmal offiziell abgehandelten Vorfall aus früheren Jahren! An sich würde so eine Geschichte schon ausreichen, um auch noch den Enkel zu belasten, aber erstens hat meine Oma mit sechzehn Jahren die Grenze von der Monarchie zur Demokratie überschritten, und zweitens ist die kollektive Anmutung, die als Ahnung in meinem Kopf herumgeistert, viel breiter und reicht wahrscheinlich in der Kulturverbundenheit mit diesem Flecken Land, der später als Österreich firmieren sollte, viel weiter zurück! Hier könnte ich allerdings nur spekulieren, und darauf möchte ich mich nicht näher einlassen! Im vorigen Text *Der Österreicher* habe ich schon Brennus, einen keltischen Fürsten des dritten vorchristlichen Jahrhunderts erwähnt, es muss aber in der frühen Eisenzeit noch eine andere, für unsere Kultur markant bedeutsame Figur gegeben haten, welche, um es kurz zu sagen, der Missbrauchstradition, wie sie ja weltweit existiert, eine seltsame, verkehrt spirituelle Anmutung verpasst hat, sodass jene zu einem Identifikationsmerkmal und dann zu einer nachhaltigen, inoffiziellen Beeinträchtigung der Landeskultur werden konnte! Mein Traum nimmt in diesem Kontext auch einen Wasserfall von Blut wahr, was wohl dazu angetan war, Inhalte mit entsprechender Autorität zu untermauern! Und vielleicht könnten sich die Ereignisse dieser Vorzeit schon in der Gegend um Hallstatt herum abgespielt haben, welches eigentlich durch ein antikes Gräberfeld seinen Namen erhielt! Und um noch ins Vulgäre abzugleiten, eine Verbindung von Schweinen oder

Wildschweinen mit Kannibalismus an Toten könnte unter Umständen auch von da herrühren!

Wie gesagt, was ich oder meine Familie mit diesen Dingen zu tun haben sollte, ist mir nicht ganz klar, aber die kollektive Anmutung „des Österreichischen" schließt solche Sachen gegebenenfalls durchaus mit ein, und vielleicht rührte von daher auch die Motivation, einen Fortschritt in der inoffiziellen Kulturentwicklung erzwingen zu wollen, und das Ganze konzentrierte sich dann auf ein noch ungeborenes oder in den ersten Zügen seines Lebens liegendes Kleinkind, das sich der Natur, des Tageslichts und seiner liebevollen Betreuung erfreut!

Übrigens wird sogar in der Bibel, im Alten Testament, der verunglückte Feldzug eines Volkes der Kimmerer erwähnt, wo auch ausführlich beschrieben wird, dass nach der Niederlage der Eindringlinge deren Ausrüstung verbrannt wurde, sodass sieben Jahre Feuermaterial zur Verfügung stand! Die Herkunft dieses Volkes wird lapidar mit einer Region der Kälte und Finsternis angegeben. Inwiefern sich von diesen Ereignissen Verbindungen zum Österreichischen ziehen ließen, ist mir zur Zeit ebenfalls nicht bekannt! Du siehst also, Mikaela, würde ich in Bezug auf meine Vorgeschichte ins Mythische abschweifen wollen, wäre hier reiches Material vorhanden! Und ich möchte mit diesen Abschweifungen im Wesentlichen nur begründen, warum sich eine inoffizielle, österreichische Allgemeinheit nach den Ereignissen des Zweiten Weltkriegs, also insbesondere des Holocaust, vielleicht gedrängt sah, die jahrtausendealte, inoffizielle Kultur- und wahrscheinlich auch Identifikationstradition zu durchbrechen! Man hatte offenbar genügend Wissen, und es brauchte demnach möglicherweise nur jemanden, der das auch umsetzen sollte, eine Auswahl, die demnach sehr negative statt positive Grundlagen und Hintergründe hatte! In meiner Familie kam ich vielleicht daher schon ein wenig mit der Anmutung eines fünften Rades am Wagen zur Welt, zumindest aus der Perspektive von manchen, und dabei bin ich nicht einmal der Jüngste unter den Geschwistern!

Aber ich bleibe noch kurz bei der Anmutung der grauen Vorzeit, Anmutung ist das Gemütselement zur Spekulation innerhalb des Kognitionsapparates! Und ich kann selbstverständlich leider immer noch nicht behaupten, alle Winkel der Innenwelt restlos durchschaut zu haben! Was sich im Zusammenhang mit der österreichischen Vorgeschichte beinahe aufdrängt, ist eine Querverbindung zum Begriff des Opfers, welches etwa in der Jungsteinzeit sich durchaus auch noch auf Menschen erstrecken konnte! Dem Opfer wurde eine Wirksamkeit zugeschrieben, und eine solche ergibt sich möglicherweise durch eine Außenprojektion innerer Erfahrungen des Leides oder der Belastung durch schwierige Zeiten! Die Aussage der Tiefenpsychologie Frankls, dass die Erfahrung und das bewusste Aushalten von Leid auch zu innerem Wachstum führen kann, eine Erfahrung, welche er selbst im Konzentrationslager gemacht hatte, könnte also einen Teil der zugeschriebenen Wirksamkeit eines Opfers ausmachen, allerdings aus einer passiven Perspektive heraus, die dann auch noch kollektiviert werden kann! Dennoch bleibt die Anmutung des Opfers ambivalent, und ein Täter kann nie ganz sicher sein, ob ihm das Opfer nicht vielleicht doch noch überlegen ist, solange er es nicht völlig vernichtet! – Um hier der physikalischen Genauigkeit gerecht zu werden, kann aber festgestellt werden, dass eine völlige Vernichtung überhaupt nicht existiert, dass eine Vorstellung, die eine Motivation dazu bilden könnte, daher emotional überlagert sein müsste oder zumindest bewusst auf der Möglichkeit der Lüge basiert! Und das spezifisch Österreichische dabei: In Österreich konzentriert man sich auf jämmerliches Versagen! Es müsste demnach in der Vorzeit sukzessive kumulativ zu einer Verwechslung von Leid und Versagen gekommen sein, dem Versagen wurde vielleicht eine potenziell positive Wirkung zugeschrieben, und das Phänomen des Opfers trug vielleicht dazu bei, dieses Missverständnis im Bereich einer spirituellen Anmutung zu verankern! Eine „Spiritualität" der Ohnmacht und der Lüge, der Bekräftigung des ohnedies überall gegenwärtigen Missbrauchsstroms, die zwangsläufig zu einem Anstieg des inneren Pegels von Leid oder Schmerz führen musste, welcher sich dann wiederum, wie es im Negativen immer wieder vorkommt, durch Außenprojektion Luft zu verschaffen versuchte! Ich verankere eine Dummheit also im Bereich der Spiritualität und brauche dann nur darauf zu warten, dass die Welt explodiert!

Mikaela, ich weiß, das klingt äußerst dramatisch, und ich habe auch keinen Anlass, meine Person auf das Rad dieser Umstände zu flechten! Aber die wahre Dramatik des Weltgeschehens spielt sich nach wie vor in der Innenwelt der Menschen ab, wobei die Quantität der Betroffenheit für mich im Dunkeln liegt! Und sie lässt sich, wie schon gesagt, auf eine Auseinandersetzung der Lüge mit der Natur reduzieren, wobei die Natur hier selbst in einer unterstellt passiven Position überlegen wäre! Um noch einmal an die theoretischen Inhalte von früher anzuschließen, vom Selbst aus betrachtet stellt die Zeit die Möglichkeit der Lüge dar! Und die Lüge wäre umgekehrt eine scheinbare Richtung des Selbst weg von der Natur, was aber mit dem Gehalt des Begriffes Selbst nicht vereinbar ist! Das Selbst ist Natur und die Möglichkeit, die menschliche Kultur darauf oder daraus zu entwickeln! Das Selbst ist die Grundlage einer Person und in weiterer Folge auch des Subjekts, das im Wesentlichen eine gedankliche Opposition zu Objekten darstellt! Und es korrespondiert und korreliert mit dem Ich, das durch Auflösung des Unbewussten und des Geistes scheinbar auch zu einem Niemand mutieren kann! Das Selbst ermöglicht die Sprache und es gibt der persönlichen Sprache auch ein Stück weit ihre Form, es ermöglicht überhaupt, dass ein Mensch ein Mensch ist, und wenn man den Ausgangspunkt oder die Perspektive des Bewusstseins im Selbst nimmt, dann bleibt einem hier etwas weniger Spielraum, als wenn man sich in der Sprachschichte bewegt! Aber andererseits müsste man dann auch näher an der Realität sein, prozentuelle

Verzerrungen durch den Geist herausgerechnet! Die Akzeptanz der Struktur der Zeit lässt sich hier also als das Künstliche erkennen, das einen Menschen in der Gegenwart von der Ewigkeit des Augenblicks entfernt, und für eine Person stellt sich dann vielleicht die Frage, wie kann ich meine Sprache von der Zeit befreien – die Grundbewegung und auch das Ziel einer guten Dialektik! Und Dialektik wird dann zu einem netten Gespräch unter Freunden im Kaffeehaus oder findet vielleicht in einem Beratungszimmer statt!

Oder aus einer etwas anderen Perspektive, meine Eindrücke sind wahr, wenn sie sich auf das beziehen, was ist! Der spontane, umfassende Eindruck verbunden mit meinem bereits vorhandenen Wissen über etwas gibt zunächst mehr oder weniger ungeschminkt die Realität wieder, und ich kann mich auch darauf verlassen, wenn meine Filter nicht durch bewusste Intentionen verfärbt sind! Wenn ich aber in der Reflexion über etwas die Möglichkeit mit einbeziehe, komme ich in die Thematik von Kausalverkettungen hinein und erkenne somit die Zeit als äußeren Rahmen an! Und an diesem Punkt treffen einander die normale Reflexion und jene aus der Ecke der unterschwelligen, dunklen Negativität! Die Zeit muss also bereits vorhanden sein, wird bereits vorausgesetzt, auch um irrationale Kausalverkettungen postulieren zu können! Die Idee der dunklen Negativität setzte bereits die Kognition einer Zeit voraus! Andererseits könnte ich an diesem Punkt, und das ist wegen der abstrakt-theoretischen Anmutung der Zeit sicherlich schwierig, auch zu einer Art Reintegration der Negativität in natürliche Abläufe und in den Bereich der menschlichen Normalität finden, allerdings müsste ich dabei die intentional negative Betrachtung der Zeit hinter mir lassen! Die Lüge ist wie ein Fluss, der zwei Ufer voneinander trennt, die Leerstelle der Negativität muss sich nicht nur auf Inkompatibles beziehen! Kausalität führt zur Zeit, aber die negative Auffassung der Zeit verbirgt etwas und ist damit, wie bereits gestreift, eine Art absichtlicher Verherrlichung der Lüge! Und um meine nicht so ernst gemeinten Österreich-Beschimpfungen langsam zu einem Ende zu führen, Österreich ist die Behauptung der Permanenz des Negativen, in Österreich wird gleichsam in umgekehrter Perspektive nur das Wort Lüge als vollwertig anerkannt! Durch eine quasi-spirituelle Vorgabe des Versagens kann sich keine vernünftige Person der Teilnahme an Negativ-Destruktivem entzieht, wenn sie in irgendeinem Kontext zufällig an die Reihe kommen sollte! Und wenn man sich in der Zielposition einer solchen Haltung befindet, muss man wohl mit allem rechnen, nur nicht mit dem Normalen schlechthin!

Aber eben, der Winkel eines Bewusstseins, die Art der Betrachtung, die Position des Ichs kann sich verändern und hinter der Lüge steht letztlich auch das Nichts oder das Alles des menschlichen Bewusstseins! Man könnte einigermaßen subtil konstatieren, die einzige Konsistenz der Negativität sei die Lüge, nämlich das Wort, sofern es sich noch nicht zu Realem konkretisiert hat, aber eine verborgene Erstursache liefert das Fundament dafür, diese geistige Handlung immer wieder zu vollziehen und ihr damit auch Permanenz zu verleihen! Der Missbrauch erkennt innerpsychisch wohl nur die Thematik des Missbrauchs als Thema an und versucht auch das Ich in diesen Strudel hineinzuziehen! Als Negativem bleibt mir demnach keine Wahl der Perspektive, es sei denn, ich werde durch entsprechende Phänomene oder Ereignisse auf den Boden der Natur zurückgeholt!

Und noch eine weitere Nuance der Selbstbekräftigung dunkel-negativer Haltungen, die Negativität verwechselt Illusion bewusst mit Lüge und eröffnet sich damit einen viel weiteren Zwischenbereich hin zur natürlichen Realität, welcher selbstverständlich auch von der positiven Seite aus zugänglich ist! Und wie schon früher spekuliert, die Negativität kommt quantitativ kaum über maximal ein Drittel hinaus! Ausgehend von objektiven Phänomenen des Anscheins kann ich auch innerlich versuchen, eine Als-ob-Position einzunehmen, eine Art Parallelleben zur rationalen Realität zu führen, aber ich werde dafür keinen natürlichen Boden finden! Die Natur ist ein Gegner des Geistes, ja richtig, aber wie will ich als natürliches Wesen eine Permanenz erreichen, indem ich immer nur dagegen bin? Sogar die Anmutung der Leblosigkeit ist eine künstliche, alle Inhaltselemente der Negativität verflüchtigen sich wie Schall und Rauch, selbst wenn das Bewusstsein eines Negativen sie einmal auf die Probe stellen sollte! Dennoch bin ich dazu verpflichtet, aber die Substanz der Begründung dessen stammt sozusagen vorläufig leihweise aus normaleren Kontexten her, etwa aus dem inneren Mechanismus, dass die subjektive Zeit Geistiges zu Oberflächen verfestigen kann! Die Einfärbung wird durch Filter, welche ihrerseits aus Prinzipien abgeleitet werden können, vorgegeben! Oder eine andere Kognition, der Begriff Tod kann sich genau genommen nur auf den Prozess des Sterbens beziehen, er eröffnet aber auch sozusagen einen ganzen Raum von Assoziationen, Befürchtungen, Vermutungen, Gefühlen bis hin zu Verlustwahrnehmungen, welcher selbstverständlich auch von der Negativität für ihre Zwecke wahrgenommen werden kann! Und es reicht dann schon aus, einfach in diesem dunklen Raum zu verbleiben, sich im Schatten des Todes zu verstecken, um aus dieser Perspektive eine negative Potenzialität der Zeit zu stärken! Im Denken zu verbleiben stärkt die Potenzialität der Zeit, aber zu viel davon führt dann möglicherweise auch zu Kopfweh! Um aber auch hier noch mühsam, und meist vergebens, zu versuchen, den Pfeil in eine positive Richtung zu lenken, lässt sich anführen, dass die Spontanität des Lebens eine Lebensbegleitung auf Distanz hält, die primäre, die Wahrnehmungsschichte ist prozesshaft und natürlich und damit die einzige „wahre" Substanz auch des menschlichen Bewusstseins! Jede Art von innerer, kognitiver, selbstverständlich aber auch von äußerlicher, kommunikativer Begleitung ist sekundär, sei sie positiv oder negativ, jedes kognitive Gerüst kann nur vorläufig sein auf das Nichts des Bewusstseins hin bezogen, welches natürlich auch das Wort Tod inkludiert! Und das Leben ist vielleicht nicht dazu da, das Wort Tod dauerhaft auf einem Schild vor sich herzutragen! Nur ich selbst kann den Tod erfahren, und wenn schon nicht jemand anderem, könnte ich doch der Natur vertrauen, dass dieser Prozess auch ein positiver ist! Die einzige Alternative ist die zwischen Leben und Tod und die Prozesshaftigkeit des Lebens macht einem von Anfang an die Entscheidung eigentlich nicht allzu schwer!

Mikaela, ich stehe immer noch im Bann der Faszination der Lüge, recke mich mehr oder weniger mühsam in einer bis an die Haut reichenden, unwirtlichen Umgebung! Und mein eigenes, dummes, kleines, bescheidenes Leben kurz zu erzählen ist wohl keine so große Sache! Die Operation führte wohl zu einem ein wenig veränderten Verhältnis zu meiner Mutter, weil ich mich vielleicht innerlich etwas gewandelt hatte, und sie scheint offenbar auch die einzige in der Familie gewesen zu sein, die darauf reagierte! Jedenfalls hatte ich dann in der kalten Jahreszeit mit Asthmaanfällen zu kämpfen, besonders wenn das Holzfeuer im Küchenofen später mit Kohlen verlängert wurde. Diese Zeit ist mir schon sehr bewusst, und sie sollte zu einer Schlüsselperiode in meinem Dasein werden! Heute vermute ich, dass eine physische Infektion dafür ausschlaggebend war, damals musste ich mich unmittelbar mit dem Problem der Atemnot herumschlagen, mit der Angst, nach einem mühsamen Atemzug den nächsten vielleicht nicht mehr anschließen zu können! Ich habe das früher schon einmal beschrieben, ärztliche Hilfe blieb aus, und so kristallisierte sich bereits in meinem vierten Lebensjahr die Alternative Natur oder Kultur, Natur oder potenzielle Lüge heraus, und ich entschied mich, in diesem Alter wohl nicht allzu schwierig nachzuvollziehen, für die Natur! Jetzt kam es nur noch auf die Umsetzung oder Verwirklichung an, und heute wundere ich mich, dass ich allein durch gedankliche Energie, durch den festen Entschluss, der Natur zu vertrauen, eine tatsächliche, physische Beeinträchtigung überwinden konnte! Das Asthma blieb aus und kehrte auch am nächsten und folgenden Abend nicht mehr zurück! Ab da war mein Glaube an die Natur beinahe unüberwindlich!

Als ich davon kommunizieren, meinen Geschwistern mitteilen wollte, stürzte ich jedoch in eine Falle und der kurze Vorteil, das Oberwasser, das ich genossen hatte, wandelte sich zu einem trüben Rinnsal, einem Strom der Beschwernis, welcher alle Familienmitglieder, zunächst mit Ausnahme meiner Mutter, erfasste! Ich selbst wendete mich daraufhin mehr nach innen und hatte auch das eine oder andere traumartige Bewusstseinserlebnis, zuletzt im Alter von neun oder zehn Jahren sogar die Wahrnehmung jenes dunklen Innenraums, der einem die Existenz unbegrenzter Geborgenheit auch in der Objektwelt vermittelt! Aber ich gehe jetzt doch zu schnell vor! Mir war ab jener Falle sofort intuitiv die Ausweglosigkeit und Dauerhaftigkeit und somit die Ungeheuerlichkeit der neuen Situation klar, mit einem Schlag war meine Welt sozusagen in durchsichtiges Schwarz getaucht! Und ich erfasste auch die

Ausnahmesituation, die damit verbunden sein musste, im negativen Sinn! Man kann so etwas als Kind nicht bis zu den Grundlagen oder Hintergründen hin durchschauen, aber man weiß sofort, was Sache ist und was nicht! Ich wusste also, dass ich ab da von Normalität weit entfernt war und suchte verzweifelt nach einem Ausweg, der mir zumindest eine Perspektive eröffnen konnte, aber es blieb mir letztlich nur der Bogen der Zeit und die damit verbundenen, erhofften Fortschritte, die es mir erlaubten sollten, einen Endpunkt ab einem Alter von etwa fünfzig Jahren anzunehmen! Ich wusste also mit vier, dass ich fortan nicht normal sein konnte, nicht weil ich selbst so war, sondern weil es nicht zugelassen werden würde!

So wurde ich eingeschult und eines der ersten Dinge, die mir dort widerfuhren, war die Verlagerung meiner natürlichen Linkshändigkeit nach rechts, als ich das erste Mal den Bleistift nahm, um die Buchstaben von der Tafel abzumalen! Auch da war mir die Beeinträchtigung intuitiv klar, aber mangels eines unterstützenden Hintergrunds konnte ich nichts dagegen tun, ich musste mich in mein Schicksal ergeben! In der zweiten Schulstufe erhielten wir einen neuen, noch jungen Klassenlehrer, der die örtlichen Verhältnisse nicht gut kannte, und so kam ich in den unverhofften Genuss, Normalität während der Schulstunden genießen zu können! Diese für mich selige Zeit erstreckte sich über zwei Jahre, während der ich zu einer eifrigen Leseratte mutierte, welche die Schulbibliothek sozusagen auswendig kannte! In der vierten Klasse holte mich aber auch hier die Realität ein, nachdem ich dazu ausersehen worden war, vor Honoratioren der Kirche und des Landes ein Gedichtlein aufzusagen, und zwischen der ersten und zweiten Strophe schlucken musste! Diese Peinlichkeit hatte auch eine Vorgeschichte in Bezug auf mein Aussehen, ich war zu einem Bürstenschnitt der Extraklasse verdonnert worden, in den Siebzigern, als lange Haare auch bei Buben keine Seltenheit darstellten, worauf ich mich von meinem smarten, dunkelblauen Jackett mit Silberknöpfen trennte und stattdessen in weißem Hemd und beiger Hose aufmarschierte! Meinem Lehrer gefror das Lächeln, als er mich so sah! Und ab dem folgenden Montag hielt auch in der Schulklasse die Art von Normalität Einzug, an die ich mich nie gewöhnen konnte!

Ich dachte nun schon ein wenig an die Zukunft und wollte nicht in die damals noch Hauptschule genannte Mittelstufe wechseln, weil auch ein Teil der Mitschülerinnen und Mitschüler dorthin übersiedeln würde und somit eine Kontinuität der Verhältnisse zu erwarten war! Und just in dieser Zeit kam unser Pfarrer, der auch Religionslehrer war, mit dem Vorschlag, in ein Internat in Hollabrunn zu gehen, ein Knabenseminar der Erzdiözese, mit dem auch der Besuch des dortigen Gymnasiums verbunden sein würde! Ich war kognitiv sofort dafür, emotional aber zerrissen, weil damit auch die Anmutung eines möglichen geistlichen Berufs im Raum schwebte, mit dem ich mich nicht gänzlich identifizieren konnte! Ich war zum Positiven hin bestrebt, und was ich beim Kirchenbesuch und drumherum, etwa als Ministrant, lernte, war mir auch vor allem in ethischer Hinsicht bedeutsam und wichtig, aber selbst einen Geistlichen darzustellen, dazu fehlte mir die letzte Motivation oder wie man wohl besser sagt, die Berufung! Wir, mein Banknachbar hatte sich ebenfalls überreden lassen, verbrachten um Semester herum zwei Nächte im Internat zwecks Feststellung der Eignung vor allem schulischer Art und lernten dabei die Lebensweise dort kennen, Schlafsäle mit fünfundzwanzig oder dreißig Betten, hohe Räume, mit bemusterten, aber kalten Fliesen ausgelegte Gänge, ein Waschraum, in dem eine Art Springbrunnen mit fünfzehn Hähnen ausgestattet war, sodass sich eine kreisförmige Traube bildete, und zum Waschen der Füße musste man das Bein über den Beckenrand heben. Zwei dieser Waschbetonungetüme bildeten den Waschraum und hatten genug Kapazität für eine ganze Klasse! Die Wand entlang hingen Spiegel wohl mit einer kleinen Ablage für Bürsten und Kämme. Im Studierzimmer, wo wir wahrscheinlich auch unsere Tests schrieben, oder in dessen Nebenraum fragte die Schwester in einer freien Minute, wie uns das alles gefalle, worauf ich die beschriebenen Eindrücke in einem Satz zusammenzufassen versuchte! Die Überraschung im Herbst, als wir dann tatsächlich einzogen, war umso größer, weil sich doch ein wesentlich verändertes Bild der Schlafzimmer und wohl auch der Studier- und Tagräume präsentierte! Das Internat hatte die Sommermonate genutzt, um in großem Stil Möbel auszutauschen, Zwischenwände einzuziehen, sodass die großen Schlafzimmer nur noch zehn Betten in zwei durch eine

128

doppelte Kastenwand getrennten Abteilungen fassten. Die Pulte im Studierraum waren neu und statt des schon etwas abgetretenen Parkettbodens waren graue Spannteppiche verlegt worden. Für das beklommene Bubenherz, das acht ungewisse Jahre vor sich sah, war das damals schon eine Ermutigung! Die innere Zerrissenheit im Anschluss an die Aufnahmsprüfung war beinahe unerträglich geworden, die ältliche Anmutung des Gebäudes aus dem späten 19. Jahrhundert erschien mir zum Wohnen nicht mehr zeitgemäß, obwohl einigermaßen sorgfältig und vielleicht auch schön gestaltet, vor allem aber kam eine zweite Beeinträchtigung durch die Schulzeit dazu, nämlich die religiöse Orientierung des Internats, die mit einem potenziellen Priestertum auch das Zölibat in Aussicht stellte! Wollte man sich gut an die Regeln halten, dann musste man innerlich wohl auch mit dem Thema einer eigenen Familie zumindest vorläufig abschließen, und ich tat das gleich mit einer mehr oder weniger umfassenden Bestimmtheit! Den Rest der vierten Klasse verbrachte ich mit einer beinahe bockigen oder trotzigen Gewissheit, dass in meinem Leben das andere Geschlecht wahrscheinlich keine große Rolle mehr spielen würde!

Entsprechend waren wir dann im Gymnasium auch als reine Bubenklasse eingeteilt, 26 Internatsschüler und 7 Externe! Ich muss hier nicht die ganze Schulzeit aufzählen, ich bekam relativ rasch Gewissheit, dass ich auch die höheren Anforderungen der Mittelschule gut meistern konnte und in den Sprachen war den schriftlichen Arbeiten ein ermutigendes Feedback beschieden! Mathematik fiel mir ohnedies leicht, und so war einem einigermaßen unbeschwerten Schülerdasein Tür und Tor geöffnet, wenn man die etwas bedrückende Atmosphäre im Internat gebührend berücksichtigte! Aber auch hier waren die Schwestern während der ersten beiden Jahre bemüht, so etwas wie eine gewisse Wärme und vor allem Gerechtigkeit und Korrektheit zu vermitteln! Eine gewisse, unbekannte Gefahr verdichtete sich im Laufe der Zeit allerdings zu einem inneren Nebel unbestimmter Ahnungen, sodass es immer einen kleinen Nervenkitzel darstellte, sich etwa abends in wenig frequentierten Gängen herumzutreiben! Wir Neuzugänge machten daraus in den Wintermonaten eine Praxis nach dem Abendessen nachlaufen zu spielen, um die überflüssige Bewegungsenergie abzubauen, wobei die Gänge aller Stockwerke und auch des Kellers das Spielfeld darstellten, nur an den Büros und Wohnungen der Vorsteher im ersten Stock gingen wir gemessenen Schrittes vorbei!

Die religiöse Erziehung bestand vor allem in festgelegten, religiösen Übungen, wir hatten täglich eine heilige Messe, unterbrochen nur durch zwei Wortgottesdienste pro Woche mit dem Herrn Spiritual. Es gab insgesamt drei Kapellen, die große Hauptkapelle über dem Speisesaal, eine Marienkapelle im zweiten Stock und die Schwesternkapelle im Hochparterre. Auch in den Klassen wurde gemeinsam gebetet, etwa zu Beginn des

Studiums, eine Glaubensstunde pro Woche fand im Büro des Herrn Spiritual selbst statt. Der Sonntag war etwas festlicher gestaltet, die gesamte Internatsgemeinde war zur Messe mit Predigt versammelt und anschließend gab es ein etwas üppigeres Mittagessen, nachmittags entfiel dann die erste Studierzeit. Der Tagesablauf war also minutiös geregelt, schrille Glöckchen am Gang dienten der Vorankündigung und markierten auch den Beginn etwa der Studierzeit sowie deren Ende. Es war nicht immer ganz leicht, morgens diesem Signal zu folgen und gleich um die Wette in den Waschraum zu laufen!

Die Jahre vergingen, wir kamen ins Pubertätsalter, die Schwestern wurden von einem Erzieher abgelöst, der Tagesablauf blieb jedoch acht Jahre lang derselbe, nur wurde dann noch ein Abendstudium angefügt und der Zeitpunkt des Schlafengehens verschob sich zusehends nach hinten. Jedes Jahr bezog man andere Schlafzimmer und Studierräume, die ersten vier Jahre wurden im zweiten Stock zugebracht, die Oberstufe dann im ersten. Was soll ich darüber noch erzählen? Ich entwickelte mich von selbst zu einem Vorzugsschüler, in der Unterstufe noch ohne allzu viel zu lernen, verbrachte damals einen Teil der Studierzeit mit Lesen! In der Schule, die etwa fünf Gehminuten entfernt lag, wurde ich korrekt behandelt. Bei Schulveranstaltungen, ab der dritten Klasse einem jährlichen Schikurs, kam man dann mit mehreren Klassen, also auch mit Mädchen zusammen, ich blieb dabei der ungeschriebenen Anforderung des Internats treu und entwickelte eine Art innerer Neutralität, die es mir ohne aktive Verdrängung erlaubte, etwaigen Reizen oder Verlockungen zu widerstehen! Ich hielt die Regel einfach für etwas Spezifisches, aber Sinnvolles und hatte damit eigentlich während der gesamten Internatszeit keine Schwierigkeiten! In der Klasse nahm ich eine Art Sonderstellung ein, wobei ich erwähnen muss, dass mich die Umstände von daheim auch hierhin verfolgt hatten auf unerforschten Wegen! Ich wollte keinen Anführer abgeben und setzte mich zwischen die Stühle der Regelkonformen und der etwas Regelkritischen, gehörte zwar selbst zu Ersteren, behielt aber meine innere Abgeschiedenheit für mich! Ich wusste die ganze Zeit über, dass mein Lebensweg im Anschluss an die Schulzeit untypisch verlaufen würde und wollte deshalb keine Identifikationsfigur darstellen! Aber man kann sich andererseits nicht in Luft auflösen, und ich habe es mir wohl auch in der Internatszeit nicht gerade einfach gemacht!

Innerlich befand ich mich ab der dritten Klasse in einem Tunnel aus Konzentration und Selbstbeobachtung, der sich nur lichtete, wenn wir für ein Wochenende daheim abgeholt wurden! Ich konnte mir keine Fehler erlauben, wusste, dass ich in jeder Hinsicht auf mich allein gestellt war, sollte etwa gar das Undenkbare passieren und ich in Gefahr geraten, den vorgesehenen Ablauf unterbrechen zu müssen! Damals drängte sich auch in meinem Inneren die Frage und Problematik der Ehrlichkeit als substanzieller Lebenseinstellung auf, ich verbrachte wohl eine Woche oder länger mit diesem Problem und konnte dabei nicht ganz verstehen, weshalb ich mich eigens und bestimmt noch einmal dafür zu entscheiden hatte! Während andere bereits mit Rauchen und Mädchenbekanntschaften prahlen konnten, beschäftigte mich die Substanz der spirituellen Entwicklung auf eine vertretbare Existenz hin gewendet! Letzteres fiel allerdings dann schon in den Bereich der Oberstufe, in der auch das Problem immer drängender wurde, was ich im Anschluss unternehmen sollte? Der geistliche Weg war für mich eine in gewisser Hinsicht mehrheitliche Option, dem einfach nur das entscheidende Quäntchen handfester oder bodenständiger Realität fehlte, in der Vorstellung jedoch allemal eine willkommene Richtung, hauptsächlich wohl mangels einer geeigneten, weltlichen Alternative! Es war in meinem Leben nicht selten so, dass ich zwischen einer kognitiven und einer intuitiven Richtung hin und her gerissen wurde, nur hatte die intuitive damals keinen konkreten Inhalt! Ich war ein guter Schüler, dem verschiedenste Wege in eine Karriere hinein offenstanden, dem allgemeinen Vernehmen nach, für mich selbst kam aber keine wirklich in Frage, zumindest fand ich damals keine für mich akzeptable Zukunftsversion! Kurz, die innere Problematik der religiös-spirituellen Entwicklung mit der zweiten Schiene der weltlichen Existenz spitzte sich zu, ich hatte Erfolg, der nirgendwo hin zu führen schien! Ich wurde im Verlauf der Oberstufe blasser und zurückhaltender, aber auch etwas „erwachsener"! In der Schule waren wir nun wieder mit Mädchen zusammen, und ich hatte auch eine Favoritin für mich ins Auge gefasst, aber mein Interesse beschränkte sich aufs hoffentlich nicht allzu auffällige Beobachten, ich hielt mich mehr oder weniger streng an die Regeln unserer Unterbringung! Das Leben fühlte sich wieder etwas voller an, meine spezifische Thematik, die, wie ich es inzwischen auffasse, von einer Allgemeinheit vorbestimmt war, ließ mich jedoch nicht aus den Fängen!

Die beiden letzten Jahre verbrachten wir dann unter der Obhut des Herrn Rektor selbst, wir bezogen kleinere Studierzimmer für drei Personen, in denen sich auch Bett und Kasten befanden, jeder hatte seinen eigenen Schreibtisch und ein Regal. Auch die Wasch- und Duschräume waren für diese Klassen schon moderner gestaltet! In einer Klassenübung abends wurden wir dann vom Herrn Rektor aufgefordert, einen Aufsatz zum Thema „Weshalb ich Priester werden möchte?" zu verfassen, der den Spielraum bereits zu Beginn der siebten Klasse merklich einzuengen schien! Für mich war die Stunde der Wahrheit gekommen, und zunächst war kein Ausweg ersichtlich! Ich konzentrierte mich, was ich gewohnheitsmäßig immer tat, diesmal jedoch noch etwas mehr, es ging ja schließlich implizit auch um die Existenz! Irgendwie brachte mich mein Unterbewusstsein dahin, mich auf die Sprache zu konzentrieren, meine persönliche Geschichte gleichsam in Referenz auf die Sprache aufzufassen und damit auch verwandte, frühere Generationen mit einzubeziehen! Was ich noch tun konnte und bisher offenbar vermieden hatte, war, dazu bewusst Stellung zu beziehen, mir blieb dann also keine Alternative als die bewusste Akzeptanz der Sprache inklusive möglichen, mir nicht bekannten Vorfällen, verborgenen sprachlichen Einlassungen und Ausprägungen! Wenn ich dazu ja sagen würde, dann musste das umfassend sein, ich würde auch die Vergangenheit Verwandter, etwa von Vorfahren mit in Kauf nehmen! Ich entschied mich dafür, was sollte ich anderes tun, aber eben tatsächlich umfassend und entschlossen, und plötzlich entstand, wie von einem unsichtbaren Funken entzündet, ein kleiner Energieball in meinem Innern im zentralen, oberen Brustbereich zum Hals hin! Ich hatte also wieder Stress mit etwas konfrontiert zu sein, von dem ich noch nicht einmal gehört hatte, und zweifelte an meiner geistigen Verfassung! Aber die Aktivierung blieb, und mir fiel dann auch eine mögliche Lösung der Aufsatzthematik ein, ich machte mich ans Schreiben! Der Zustand hielt vielleicht für zehn, fünfzehn Minuten an, und als ich mit der Arbeit fertig war, hatte sich alles wieder normalisiert! Aber es war doch etwas anders geworden, wie ich anschließend im Alltag feststellen konnte, ich war in eine andere Schichte meines Bewusstseins aufgestiegen, indem ich die Sprache vollgültig akzeptiert hatte! Und dort gab es noch etwas zu „bereinigen", wozu wohl auch die Aktivierungszustände – ich hatte im Verlauf des Jahres mehrere, aber insgesamt im einstelligen Bereich – beitrugen! Diese Interpretationen stammen allerdings aus viel späterer Zeit, damals war meine Hauptsorge die, ob ich mit all der geistigen Anstrengung nicht vielleicht gewisse Grenzen überschritten hätte!

Seltsamerweise verlief die Septima, welche schulisch wie alle ungeraden Jahre intensivere Ansprüche stellte, auf eine neue Weise angenehm, ich hatte die Abläufe des Internats und der Schule inzwischen gründlich genug kennengelernt und es fiel mir ungewöhnlich leicht, durch den Alltag zu navigieren! Es kam mir beinahe so vor, als würde mir allgemein unmerklich ein bisschen mehr Respekt entgegengebracht, eher aus den Augenwinkeln heraus, ich blieb weitgehend unangetastet und konnte sogar zu dem einen oder anderen Punkt meine persönliche Meinung äußern, was dann allerdings nicht immer auf ungeteilte Zustimmung zu treffen schien! Die Aktivierungszustände, die dann meist etwas kürzer ausfielen als beim ersten Mal, blieben jedoch das Spezifische dieses Jahres! Ich kann mich etwa an eine Situation erinnern, als ich von einem Internatskameraden, der das Aufbaugymnasium, eine im selben Gebäude untergebrachte Oberstufenschule der Erzdiözese, besuchte, auf ein persönlich-existenzielles Problem angesprochen wurde und sofort in diesen Zustand hineinkam, der ja nichts weiter war als die Wahrnehmung einer Energie- oder Feuerkugel im oberen Brustbereich, selbstverständlich nicht physisch, sondern als Bewusstseinsphänomen! Und in dieser Situation teilte sich meine Aufmerksamkeit zugleich in eine Selbstbeobachtung, welche vor allem vom Kopf auszugehen schien, die Wahrnehmung des Gegenübers in der ernsten Gesprächssituation, und als dritten Bereich des Aufmerksamkeitsdreiecks hatte ich auch die Aktivierung im Auge, wobei es mir etwa bei Antworten vorkam, als verliefe der Weg vom Kopf zur Aktivierung und erst dann zum Gegenüber! Und ich hatte weiters den Eindruck, als könnte ich ungewöhnlich treffend agieren, nahm sogar etwas vom persönlichen Hintergrund des Gesprächspartners wahr, wovon ich nichts wissen konnte! Derartige Erlebnisse waren immer sehr energieintensiv und ich geriet in diesen letzten Jahren schon manchmal an den Rand einer Erschöpfung, besonders in der achten Klasse, als ich über eine Woche lang verstopfte Nase und Verkühlungserscheinungen hatte! Eine der letzten, kurzen Aktivierungen wurde etwa beendet, als das Wort und Thema Tod auftauchte, was dann eine tagelange Reflexion nach sich zog, welche damit endete, dass selbst der Tod „harmlos" war, keine verborgenen Haken oder Fallen zu beinhalten schien! Gab es hier etwas zu befürchten? Nein! Dann konnte man wieder zur Tagesordnung übergehen!

In den Ferien zwischen siebenter und achter Klasse unternahmen wir zu dritt eine Österreich-Rundfahrt per Zug, ein wenig abenteuerlich, aber wir schafften es sowohl in den Süden nach Graz und Klagenfurt als auch nach Bregenz, besichtigten in Oberösterreich ein romanisches Fresko in einem Kloster und wurden in Salzburg von einem Pfarrer zum Frühstück in einer beinahe noblen Brauerei eingeladen. Für mich hatte diese Zeit eine seltsame Grundlatenz, irgendwie schien ich knapp vor einem Abschluss zu stehen, es würde nicht unbegrenzt auf diese Art weitergehen, an die ich mich in der siebenten Klasse gerne gewöhnt hatte! Und auch innerlich war mir klar, dass ich das endgültige Ziel, was immer das sein sollte, noch nicht erreicht hatte! Zu Beginn der Octava gab es seltsamerweise wenige Hausaufgaben, man verschonte uns schon zwei Wochen lang, und als dann die ersten Aufgaben eintrudelten, sah ich noch Spielraum verbotenerweise in den Tagraum der sechsten Klasse zu schlüpfen und dort ein wenig Billard zu üben, es gab im Internat einen Tisch für Poolbillard und einen für Bandenspiel. Ich war dort nicht alleine, ein Septimaner hatte offenbar die gleiche Idee gehabt und war schon am Trainieren. Wir spielten, wobei ich sagen muss, dass ich Poolbillard bei weitem vorgezogen hatte und bei dieser anderen Version noch dazulernen konnte! Ich habe das auch andernorts beschrieben, die Aktivierung setzte wieder ein, obwohl wir uns kaum unterhielten, und ich stellte mir die Frage, ob es statthaft sei zu verlieren im Sinne von etwas herzugeben und ob damit der Sinn der Spiels vielleicht auf eine vollständigere oder ethischere Art erfüllt werden konnte? Ein klein wenig war das wohl auch Zweckdenken, denn der andere schien in diesem Spiel ohnedies geübter zu sein! Hier ging es tatsächlich um nichts als um ein Spiel und der Begriff Spiel war mir schon in den Monaten zuvor relevant erschienen in Bezug auf den Alltag insgesamt, auf das Verhalten der Personen in unseren bekannten Umständen, also eine ziemlich hoch angesetzte Schablone der theoretischen Auffassung von Zusammenhängen! Und alles war mir damals so einfach erschienen, man kannte ja die Umstände, man hatte vieles jahrelang geübt!

Irgendwie war vielleicht auch das Problem der Zeit drängend geworden, die achte Klasse war näher an der Matura denn je, und möglicherweise war auch die Zeit in einem theoretisch-umfassenderen Sinn durch mein Unterbewusstsein herangetragen worden! Ich befand mich also paradoxerweise während eines Spiels in einer äußerst brisanten Situation, die sich noch steigerte, als die Aktivierung auf den Kopf übergriff und von da aus scheinbar auch noch die Schultern und Arme bis hin zu den Händen erfasste! Einen derartigen Energieaufwand hatte ich noch nie erbracht! Das Spiel neigte sich zugunsten des Kameraden, der sich dann auch relativ sang- und klanglos verabschiedete mit den Worten, dass er noch etwas zu tun hätte! Und als er dann die Tür hinter sich schloss, ich stand in der Nähe des Fensters zur Vierung, blickte sozusagen in den freien Raum, geschah es! Um noch einmal kurz zurückzublenden, dieser hoch aktivierte Wahrnehmungszustand hatte sich zuletzt innerlich wie ein erhöhter, gerader Gang ausgenommen, etwa wie an einer Baustelle, aber isoliert, und ich schien bis kurz vor eine Schwelle gelangt zu sein, die wie aus einer geistig-organischen Substanz anmutete! Und diese Schwelle verkörperte das Thema Stolz, das mir nun offenbar eine Entscheidungsfrage stellte: Ich musste mich entscheiden, ob ich meinen Stolz beibehalten wollte, wobei mir in dieser kurzen Zeit nicht der ganze Umfang bewusst einsichtig war, oder -? Da meine Aktivierung so viel Energie gekostet hatte und ich nicht wusste, ob ich denselben Status noch einmal erreichen würde, wagte ich auf Risiko hin den nächsten Schritt – und stürzte ab, verlor das Bewusstsein aus den Augen, sah schlagartig schwarz! Ich fühlte, ich stand, aber ich sah nichts und fürchtete einen Moment lang hinzustürzen! Mein erster Gedanke war wohl so ähnlich gewesen wie: ‚Was kommt jetzt? Geht es etwa schon zu Ende?', ich dachte kurz an eine Erblindung, aber dann kam das Bewusstsein auch schon wieder zurück, fuhr gleichsam hoch aus der Körpermitte und ich konnte wieder sehen! Die unmittelbare Wahrnehmung meines Zustands entfachte eine unbändige Freude, ich hatte intuitiv das unzweifelhafte Gefühl, am Ziel zu sein, am Ziel meiner Existenz, meiner inneren Entwicklung, am Ende des Stresses und der Drängerei! Implizit damit verbunden war auch ein selbstverständliches Vertrauen in die Zukunft, wie immer sie daher kommen würde! Vielleicht war es noch eine Steigerung des ohnedies schon leichten oder einfachen Zustands davor gewesen! Aber dann dämmerten mir meine spezifischen Lebensumstände, die mich wie eiserne Klammern umfassten, und die Freude, welche wohl die intensivste meines Lebens war, begann zu verblassen! Ich hatte mein Ziel erreicht, aber es würde mir nicht viel nützen, die anderen würden darauf wahrscheinlich wenig Rücksicht nehmen, es würde alles mehr oder weniger bleiben wie zuvor!

Eine oder zwei Wochen lang bewegte ich mich in der merkwürdigen Ambivalenz dieser unbegrenzt erscheinenden Souveränität und versuchte die negativen Seiten der Realität vor mir herzuschieben oder vielmehr, ich lebte mehr oder weniger in den Tag hinein im

Bewusstsein, mich irgendwann auch meiner Realität stellen zu müssen! Ich hätte wohl souverän darüber schweben können, aber dann führte ich mir meine Familienmitglieder innerlich vor Augen und blieb ausgerechnet bei meiner Mutter hängen! Alle anderen hätten mich in Zukunft nicht wirklich gefährden können, die Wahrnehmung einer Schwester hatte ich kurzerhand abschneiden müssen, aber meine Mutter war für mich dann gleichsam der Haken am Boden, an dem das Seil vertäut war, das mich festhielt! Ein paar Tage lang schwang der Boden unter meinen Schritten, wenn ich darauf achtete, ich hätte sogar durch die Steinfliesen des Ganges hindurchsehen können in ein Nichts darunter, vor welchem man sich nicht fürchten musste, aber dann begann sich mein Zustand wieder zu normalisieren und die ganze Erdenschwere meiner Situation holte mich ein, lastete jetzt noch drückender, weil ich an meiner Wahrnehmung nicht mehr vorbei konnte! Es würde Jahrzehnte dauern, mir die Worte zu erarbeiten, mit denen sich mein neuer Zustand beschreiben ließe!

Mikaela, Du siehst, es gelingt mir immer noch nicht ganz, mit gleichmütiger Distanz diese Dinge darzustellen, es war das Erlebnis meines Lebens schlechthin und ich bin mir bis jetzt nicht über die Tragweite und den Umfang der Folgen im Klaren! Heute würde ich sagen, es ging damals im Wesentlichen um die Sprache als Kulturgut, um jenes Verhältnis des Kollektivs zum Einzelnen, das die Sprache stellvertretend für die gesamte Kultur verkörpert und das im Bewusstsein zu Phänomenen wie dem Geist, der Zeit und dem persönlichen Unbewussten führt! Es gibt also die Möglichkeit, die Sprache aus einer unverfälscht natürlichen Position zu betrachten, und diese wurde damals für mich unvermutet Realität, was zu einer Auflösung von Zeit, Geist und Unbewusstem führte! Die Sprache einfach wahrzunehmen, wie sie ist, erfordert oder bewirkt eine umfassende Veränderung des Bewusstseins, welche hauptsächlich im Weglassen von Überflüssigem besteht! Und damit ist logischerweise an sich auch das Problem Einzelner-Kollektiv gelöst, so gut es überhaupt gelöst werden kann! Nur in meiner Praxis hielten sich die positiven Auswirkungen in Grenzen!

Ich mag jetzt nicht so schwarzmalen, wie ich das damals sah, mein Verstand hatte sich ja befreit und ich konnte Gelerntes oder Geübtes noch effektiver und einfacher anwenden! Wie gesagt, wenn ich nicht innerlich zurückgehalten worden wäre, hätte ich vielleicht einen Erfolgslauf starten können – aber in welchem Bereich? Beinahe zwanzig Jahre später wurde mir bei einem Test bescheinigt, dass ich eine besondere Eignung für Naturwissenschaften hatte. Die Möglichkeit eines Physikstudiums war meinem Bewusstsein damals jedoch wie mit Brettern verschlagen! Die Thematik des ‚Was nun?' hatte sich nicht verändert, sie war nur dringender geworden, weil ich nun schon meinen endgültigen Zustand erreicht hatte, und ich quälte mich mit sinnlosen Überlegungen, weil man der Realität ja Rechnung tragen musste! Es wäre vielleicht am besten gewesen, wenn ich das Internat nach diesem Ereignis verlassen hätte, aber eine gewisse Loyalität und die Sturheit, etwas zumindest äußerlich auch fertig machen zu müssen, hielten mich davon ab! Es waren keine angenehmen Monate, welche folgen sollten, es kamen Seiten zutage, die ich in den sieben Jahren davor nicht erlebt hatte! Erst zu Weihnachten, nach den Weihnachtsferien fing ich mich einigermaßen, versetzte mein Bewusstsein mit beträchtlichem Energieaufwand auf einen positiveren Level, der dann auch für Monate anhielt! Ich musste mein Gemüt, meine innere Gesamtstimmung bewusst manipulieren, und ich muss gestehen, ich ließ mich auch freiwillig von einem mit einem Vorsteher bekannten Psychiater checken, der mir allerdings nicht viel Hoffnung auf erfolgreiche Hypochondrie machte! Wie früher auch, fand ich mich mit mir alleingelassen, nur waren die Probleme jetzt die der ganzen Welt oder zumindest die Österreichs oder so! Und für mich selbst sah ich nicht einmal einen Fußpfad vor mir, den zu gehen mir auf konventionelle Weise erlaubt war!

Also Schritt für Schritt! Auf eine erfolgreiche Matura, zu deren Abschluss ich sogar als Schülervertreter eine kurze Ansprache halten durfte, folgte ein gleichsam der Pflicht geschuldetes Vorstellungsgespräch im Priesterseminar, dem die erforderliche Entscheidungsgrundlage fehlte, die Sommerferien, und glücklicherweise schaffte ich es noch, den Dienst am Staate vorzuziehen, sodass ich im Herbst den Zivildienst antrat! Acht Monate als Rettungssanitäter brachten mich schon einen Schritt näher an die äußere

Realität heran, und wieder stand ich vor dem Problem, was ich im kommenden Herbst beginnen sollte! Ich zog eine Verbindung zum Medizinstudium, erhielt auch einen Platz in einem Studentenheim genau gegenüber dem Physikinstitut der Universität Wien, brach das Ganze aber nach einigen Wochen schon ab und ließ mich durch die Stadt treiben! Die äußerste Disziplin und das Pflichtbewusstsein des Internats mündeten nun in eine Ziellosigkeit, welche auf Jahrzehnte hinaus keine geeignete Perspektive sah!

Im Herbst gab ich es schon billiger, schrieb mich in die Pflichtschullehrerakademie ein, wo ich immerhin ein Semester absolvierte inklusive Abschlusszeugnis, nicht ohne vorher einen gehörigen Ausreißer verbucht zu haben, eine etwa dreiwöchige Reise nach Afrika! Überhaupt schien es in mir auch Thema zu sein, das eine oder andere in der Praxis kennenzulernen, so schnupperte ich etwa kurz in eine Gärtnerlehre hinein, arbeitete Nachtschicht in der Fotoentwicklungsindustrie, musste mich aber zusehends auf meinen heimatlichen Stützpunkt konzentrieren, wo ich nach der Pensionierung meines Vaters auch für ein oder zwei Jahre den Betrieb übernahm. Sogar der Schritt in ein Kloster erschien mir nicht zu weit, ich verbrachte das Postulat und den Anfang des Noviziats bei den Karmeliten, obwohl sich mein inneres Verhältnis zum Glauben inzwischen grundlegend geändert hatte!

Trotz dieser äußeren Turbulenzen war ich auch Mitglied der katholischen Jugend unserer Pfarre, wo die Abläufe einigermaßen normal vor sich gingen! Wir spielten Theater, und ich durfte den Kaiser mimen in Herzmanovsky-Orlandos Komödie *Kaiser Joseph und die Bahnwärterstochter*, im folgenden Jahr dann den Schurken in einer Kriminalkomödie, und damit hatte es sich auch schon! Aber wir fuhren auch jedes Jahr auf Schiurlaub, beginnend eigentlich bereits in den Semesterferien der achten Klasse, und so schaffte ich es dann doch auf ein für meinen Privatgebrauch mehr oder weniger zufriedenstellendes, schifahrerisches Niveau! Mit Mädchenbeziehungen war damals wenig, obwohl mich jene nicht ganz unbeachtet ließen, zu den vielen Ungewissheiten in meinem Inneren hatte sich aber die aus Interaktionen gewonnene Erkenntnis dazugesellt, dass ich sozusagen im „geistigen" Bereich auf einem anderen Alterslevel sein musste, wenn ich mir das auch nicht erklären konnte, physisch hatte keine wahrnehmbare Bruchlinie gegeben! Man kommuniziert, man interagiert, und irgendwie passt das dann insgesamt nicht zusammen, ich konnte mir einfach keine dauerhafte Beziehung vorstellen und zu kurzen Abenteuern fühlte ich mich nicht richtig erzogen!

Ich begann also allmählich wieder ein wenig nach innen zu tendieren, schaffte mir eine elektronische Schreibmaschine mit Schirm an und begann in meiner freien Zeit mit einfachen Sprachübungen, verfasste Märchen oder kurze Erzählungen, versuchte mich sogar ein wenig auf dem Gebiete der Lyrik. Aber wieder holte mich die Frage nach einer Existenzgrundlage ein und so entschloss ich mich die Ausbildung zum Sozialpädagogen zu absolvieren, ein viersemestriges Kolleg in der Landeshauptstadt St. Pölten. Den Beruf des Erziehers hatte ich im Internat selbst kennengelernt, und es erschien mir ein Leichtes, daran anzuschließen! Tatsächlich verlief die Ausbildung zäh, ich musste ein zweites Mal maturieren und in der anschließenden Praxis konnte ich auch nicht so richtig Fuß fassen! Ein Jahr verbrachte ich im Nobelinternat Sacre-Coeur in Pressbaum, das folgende in einem Kinderheim der Stadt Wien im 19. Bezirk. Um ehrlich zu sein, wuchs mir das dort ein wenig über den Kopf, ich konnte innerlich kaum noch abschalten, aber die Distanz zu meinem Ereignis war nun schon groß genug, ich konnte einigermaßen selbständig agieren und traute mir allmählich auch mehr zu! Ein letztes Mal folgte ich meiner Neugier und inskribierte Regie an einem Schauspiel-Konservatorium. Zu dieser Zeit hatte ich auch schon meine erste – und bisher einzige – dauerhafte Beziehung aufgenommen, wir begannen im Herbst 1993 gemeinsam Psychologie zu studieren und wohnten zur Untermiete in einer netten Genossenschaftswohnung im 12. Bezirk. Margit zog nach einem Semester wieder aus, wir lernten den Rest des Studienjahrs noch gemeinsam, das folgende Jahr des ersten Studienabschnitts verbrachte ich dann wieder alleine! Ich lebte mich in der Wohnung ein, Schönbrunn mit seiner weitläufigen Parkanlage war ganz in der Nähe, und sattelte nach einem Übergangsjahr auf Philosophie um, das ich dann innerhalb der Regelzeit im Juni 1999 abschloss.

Mikaela, ich könnte hier viele kleinere Episoden anführen, wo Dinge nicht so gut gelangen, ich hatte immer wieder mit Schwierigkeiten zu kämpfen, die irgendwie auf mich zugeschnitten erschienen, im Nachhinein könnte ich sagen, ich fühlte mich von unsichtbaren Händen verfolgt, die meinen Alltag, so gut sie konnten, erschwerten! Aber das würde den Rahmen eines solchen Briefes sprengen! Schon während der Studienzeit hatte ich zwecks Selbsterhaltung begonnen als freier Dienstnehmer bei einer Personalvermittlungsagentur im Kunstbereich zu arbeiten, wir ergänzten das Stammpersonal diverser Museen im Aufsichtsbereich! Der Vorteil war, dass man sich die Termine dabei selbst aussuchen konnte, der Nachteil, dass man jeden Monat aufs Neue um sein Brot kämpfen musste, was mir aber insgesamt ziemlich gut gelang, ich musste hier nur wenige Abstriche hinnehmen! Und diese Tätigkeit, die ich irgendwie auch mit meiner Mutter verband, mündete dann später über Zwischenstationen in ein Angestelltenverhältnis beim Wachdienst! Eine ziemlich schiefe Ebene nach unten scheinbar, aber ich konnte mich dadurch auf das konzentrieren, was mich innerlich bereits zu interessieren begonnen hatte, die sprachliche Verbindung von Begriffen, welche für den Menschen als solchen relevant erschienen, oder anders gesagt, kurze Definitionen von Begriffen unter bestimmten Aspekten in einem vorgegebenen Satzumfang von siebzehn Silben. Auch das hat selbstverständlich eine Vorgeschichte, welche einerseits in den Vorträgen einer japanischen Philosophiedozentin über Zen-Buddhismus und dessen kulturellen Ausdruck bestand und andererseits in meiner persönlichen Geschichte, die mich etwa zwei Jahre nach Abschluss des Studiums zu einem Spitz-auf-Knopf-Trip nach Finnland geführt hatte in die menschenleerste Gegend Europas nördlich des Polarkreises, wo ich etwa drei Wochen ohne Essen durch die Grenzregion zu Russland wanderte, zum großen Teil in einem Nationalpark, in dem Holzhütten zur freien Unterbringung existierten. Ich hatte mich dort einmal verlaufen, stieß auf die Grenzmarkierung und musste einen kilometerlangen Rückweg über eine Schotterstraße antreten, war einigermaßen erschöpft und demoralisiert und zählte dann nur noch die Schritte in einem Rhythmus von zwölf oder dreizehn, was mir offenbar so eindringlich im Gedächtnis blieb, dass ich später das Silbenmaß von japanischen Haiku-Gedichten zur Norm meiner Sätze machte! Während des Studiums hatte ich aus Interesse hauptsächlich spirituelle oder mystische Texte gelesen, vorzugsweise auch von anderen Kulturen, und ich war nun an einen Punkt gelangt, an dem ich meine eigenen Inhalte durcharbeiten und formal ausdrücken wollte, abseits der Spiritualität meist, aber auch nicht auf traditionell philosophische Art, zumindest traute ich mir das damals noch nicht zu! Ich erhielt mich also so recht und schlecht, projektierte später sogar eine Dissertation im intuitiven Wissen, dass eine solche in jedem Fach außer der Physik zum Scheitern verurteilt war, wurde also auch emotional sozusagen aus der Universität hinausgetragen und war dann nur noch, wieder einmal, auf mich allein gestellt! In dieser Zeit kamen E-Books auf, und ich fasste meine gesammelten Erkenntnisse zum ersten Mal dürftig zu einem Text zusammen, welchen ich elektronisch veröffentlichte. Das Feedback blieb jedoch sehr verhalten, und diese Tatsache war wohl am schwierigsten zu verkraften, denn sie konterkarierte gleichsam meinen inneren Lebensplan, stellte mir zum ersten Mal die Möglichkeit des Scheiterns auf das Ganze bezogen vor Augen! Der Wachdienst hievte mich in die Wiener Hofburg und später ins Hotel Sacher, aber meine Realität war ab dann innerlich ein wenig zerbrochen, ich musste mich damit abfinden, offenbar einer Illusion nachgejagt zu sein! Ich arbeitete dennoch weiter am Text, sammelte auch laufend neue Sätzchen an, aber die Würfel schienen in gewisser Hinsicht gefallen zu sein!

Meine Realität hatte, wie schon angedeutet, einen alptraumartigen Hintergrund, welcher sich aus verschiedenen Faktoren zusammensetzte, dem konsequent, aber häufig verdeckt antagonistischen oder lügenhaften Verhalten von anderen, meiner inneren Interessensaltersdifferenz, welche besonders in den Jahren nach der Matura zum Tragen kam, und am umfassendsten wohl eine seit meiner Kindheit unmerklich gefärbte persönliche Sprache, die sich an der Realität spiegelte und eine Beinahe-Konsistenz der negativen, situativen Hintergründe vermittelte! Ich sah die Welt sozusagen ausweglos, und die Ursache dafür lag mehr oder weniger in meinem Blick, der jedoch von Anfang an durch äußere Einflussnahme gebildet worden war! Und der Horizont dessen in inoffiziell-historischer Hinsicht reichte wohl bis zu den Wurzeln der österreichischen Identität zurück! Und ich muss offen gestehen, ich arbeite bis heute daran, diesen inneren Spiegel zu zerbrechen!

Wie gesagt, ich kann hier nicht alle Missgeschicke aufzählen, ich fuhr einige Autos in Emotion zu Schrott, Gott sei Dank, ohne dabei Personenschaden zu verursachen, und erarbeitete mir auch eine gewisse Praxis des Fahrverhaltens! Meine Eskapaden wurden eine Zeit lang toleriert, dann nicht mehr, als meine existenzielle Inkonsistenz deutlich zu Tage trat, und irgendwann verließen auch die Umstände die konventionell vorgeschriebenen Wege und begannen wahrnehmbar ins Negative zu mutieren! Zu Hause gelang es erfolgreich, mich aus dem Schlaf heraus in Panik zu versetzen, eine Erfahrung, die dann immer wieder in existenziellen Krisen zum Ausdruck kommen sollte und mich hart an den Rand meiner psychischen Leistungsfähigkeit brachte! Und die Allgemeinheit ging dazu über, mir auch überschwellig wahrnehmbar immer deutlicher ihre Opposition zu zeigen!

Mein nächst älterer Bruder hatte schon im Jahr 1988 Selbstmord begangen, mein Vater verstarb gut zwei Jahre später, nachdem er ohne eigenes Verschulden in einen Autounfall verwickelt worden war, meine ältere Schwester kam beim Absturz eines Kleinflugzeugs im südamerikanischen Dschungel ums Leben vier Jahre, nachdem ihr Ehemann einer Krebserkrankung erlegen war, meine Mutter starb im Dezember 2019 in einem

Pflegeheim in Stockerau. Die verbliebenen Geschwister verteilen sich über Europa, mein jüngerer Bruder lebt in Wien und ausgerechnet ich blieb auf unserem Anwesen zurück! Erst in jüngster Zeit kam ich zu der Einsicht, dass die Gestaltung meines Schicksals in gewisser Hinsicht wohl auf eine österreichische Allgemeinheit zurückgeht, unterschwellig und inoffiziell, hatte es bis dahin mehr oder weniger für eine nach außen hin erweiterte Familienangelegenheit gehalten mit spezifischen Hintergründen aufseiten der Familie meiner Oma, also väterlicherseits, der erwähnte Fluch und eine graduelle Verstrickung in unsere Zeitgeschichte waren aus der Familie meiner Mutter überkommen, also Täter und Opfer in gewisser Hinsicht unter einem Dach! Die Ehe meiner Eltern harmonierte meiner Auffassung nach den Umständen entsprechend gut, die Geschwister waren mehr oder weniger einhellig seit meinem fünften Lebensjahr gegen mich gewesen, wobei mir die entscheidende, gestaltende Rolle meines ältesten Bruders die längste Zeit hindurch verborgen geblieben war! Inzwischen tendieren wir zu einem ausgeglichenen Verhältnis, eine natürliche Grundhaltung erlaubt es nicht dauerhaft, Verfälschtes in Rechnung zu stellen! Und ich denke, dass auch hier die Allgemeinheit in irgendeiner Art die Initialzündung zu verbuchen hatte! Außerdem weiß ich inzwischen, dass es auch in positiver Hinsicht eine Als-ob-Realität geben kann, nicht nur das künstlich-kulturell geschaffene Ding der dunklen Negativität, welches in letzter Hinsicht lediglich auf Befürchtungen und Mutmaßungen, also konkret gesagt, auf Irrealem beruhen kann! Die gesamte dunkle Negativität beruht auf einer Realität, die nicht existiert! Und in diese breite Thematik wurde ich erst so ab 2016 herum nachdrücklicher eingeführt!

Im Jänner 2016 wurde ich auf Dich aufmerksam, Mikaela, und kurze Zeit später begann ich auch schon telepathisch zu kommunizieren, einseitig selbstverständlich, diese Fähigkeit war unter anderem eine ungewöhnliche Folge jenes Ereignisses im September 1983, die mir allerdings erst viel später zu Bewusstsein kam! Andererseits bin ich selbst wohl durch und durch transparent, ich könnte mir also die gesamte Abhandlung hier ohne Weiteres sparen! Aber immerhin habe ich ein Gegenüber, weil ich zur Gestaltung meiner Inhalte die Briefform gewählt habe!

Worum geht es also genau? Ich möchte, und ich glaube, ich kann den Zustand, den ich selbst erfahren habe, einen natürlichen Bewusstseinszustand also, auch anderen zugänglich machen, falls das jemand will! Dazu und für andere Anliegen werde ich versuchen, eine Praxis einzurichten, wo ich erreichbar bin, eine dialektische Praxis, in der Dinge kommunikativ erörtert werden können, während des Studiums ließ ich mich etwa von der Art Carl Rogers' inspirieren, aber meine Wahrnehmung ist eben eine unmittelbare der Realität!

Und was die Zukunft sonst noch so für mich bereit hält, kann ich gegenwärtig nicht genau einschätzen, weil der

Blick in die Zukunft leider nicht zu meinen veränderten Fähigkeiten gehört!

Herzliche Grüße,

Erich